聴いて学ぶ
듣고 배우는 한국어 회화
韓国語会話

尹大辰 監修　金由那 編著

───── 本書の使い方の例 ─────

　本書は、1章では簡単な会話を、2章と3章では基本となる文型を、耳から自然に学べるようになっています。それぞれの章は「導入」、「日本語訳」、「日本語と韓国語の解説」、「韓国語の文」の構成になっています。まず日本語訳を見てCDを聴いてみてください。次に韓国語のページを見ながら、韓国語を耳で聴いたとおりの抑揚でそのまま繰り返し発音してください。最後に、本を見ないで、シャドーイングしてみるのもお勧めです。始めのうちはCDのスピードについていけないかもしれませんが、何度も練習するうちに自然について言えるようになります。シャドーイングできるようになったら、日本語訳だけを見て韓国語のフレーズを言ってみてください。この一冊が着実に自分のものになったことが実感できるでしょう。
　巻末のチェックリストでは、日本語訳と韓国語の文がセットで収録されていますので、本を見ないで、CDだけでも練習することができます。スムーズに言えないところはチェックして繰り返し音読してみてください。
　ご自分に合った方法で何度も繰り返し練習してみてください。

はじめに

「ハングルはとってもおもしろいです」。

ハングルの習い始めによく聞く言葉です。しかし、初級から中級に上がっていくにしたがって、「韓国語が難しいです、一人で勉強するのが大変です」という言葉を、聞くようになります。

韓国語のことわざに「開始が半分だ」があり、日本のことわざに「継続は力なり」があります。

韓国は、始める事を重要視し、いったん始めれば、それはもう半分できたも同じという意味で、日本では、始めたらそれを続けることを重要視するということわざです。

ハングルの勉強を始められたら根気よく続けてください。

名古屋韓国学校は、1962年に設立されてから、50年あまりにわたって、多様な学習者を対象に韓国語教育と韓国文化研究に力を注いできました。これまでに培われた体系的かつ効率的な教授方法を生かして、学習者に合った教育を実践しながら本教材を開発しました。

本書は、一人で勉強する時の手引きになるように、耳で聴いて活用できるように構成されています。この教材を通して、コミュニケーションがうまくできる能力を養うことができるでしょう。

本書が、皆様の学習に大いに役立ち、一人で勉強する時に手引きになりましたら幸いです。

名古屋韓国学校文化研究所
尹大辰　金由那

目　次

第 1 章　韓国での一日の会話

第 1 課 ● はじめまして
　　　　　안녕하세요? ··· 8

第 2 課 ● 楽に過ごしてください
　　　　　편하게 지내세요 ··· 12

第 3 課 ● 辛いけどおいしいです
　　　　　맵지만 맛있어요 ··· 16

第 4 課 ● コーヒー飲みましょうか？
　　　　　우리 커피 마실까요? ·· 20

第 5 課 ● 気をつけて行ってらっしゃい
　　　　　조심해서 다녀오세요 ··· 24

第 6 課 ● 顔を洗ってから、食事にしましょう
　　　　　세수 하시고 아침 드세요 ·· 28

第 7 課 ● 9 時から 1 時まで授業があります
　　　　　9시부터 1시까지 수업이 있어요 ··· 32

第 8 課 ● 美容室に行って髪を切りました
　　　　　미용실에 가서 머리를 잘랐어요 ··· 36

第 9 課 ● さようなら
　　　　　안녕히 가세요. 안녕히 계세요 ·· 40

第2章　こういう時にこういう表現

第10課 ●〈可能〉韓国語ができますか？
　　　　　한국말 할 줄 알아요? ……………………………………46

第11課 ●〈進行〉学校に向かっています
　　　　　학교에 오고 있어요 ……………………………………50

第12課 ●〈義務〉本は声を出して読まなければなりません
　　　　　책은 소리를 내서 읽어야 해요 ………………………54

第13課 ●〈希望〉友達も韓国語を習いたがっています
　　　　　친구도 한국말을 배우고 싶어해요 …………………58

第14課 ●〈意向〉何になさいますか？
　　　　　뭘로 하시겠어요? …………………………………………62

第15課 ●〈経験〉キムチを作ったことがありますか？
　　　　　김치 담가 본 적 있어요? ………………………………66

第16課 ●〈命令〉がんばってください
　　　　　많이 파세요. 수고하세요 …………………………………70

第17課 ●〈お願い〉ゆっくりおっしゃってください
　　　　　천천히 말씀해 주세요 ……………………………………74

第18課 ●〈列挙〉私の妹は優しくてきれいです
　　　　　내 동생은 착하고 예뻐요 ………………………………78

第19課 ●〈順序〉前もって連絡して行きます
　　　　　먼저 연락하고 가겠습니다 ……………………………82

第20課 ●〈順序〉寝る前に戸締りをします
　　　　　자기 전에 문단속을 합니다 ……………………………86

第21課 ●〈禁止〉日本語で話さないで韓国語で話してください
　　　　　일본어로 하지 말고 한국말로 하세요 ………………90

第22課 ●〈勧誘〉他の所に行ってみましょう
　　　　　다른 데 가 봅시다 …………………………………………94

第23課 ●〈推測〉まあ、おいしそう
　　　　　와! 맛있겠다 ……………………………………………98

5

第3章　もっと会話をなめらかに

第24課　●〈原因〉久しぶりに友達に会ってうれしかったです
　　　　　　　오랜만에 친구를 만나서 반가웠어요……………………… 104

第25課　●〈理由〉しっかり休んだのでもう大丈夫です
　　　　　　　푹 쉬었기 때문에 이제 괜찮아요 ……………………… 108

第26課　●〈条件〉時間があればいつか食事でもしましょうか？
　　　　　　　시간 있으면 언제 식사나 같이 할까요? ………………… 112

第27課　●〈仮定〉韓国語がうまくなるにはどうしたらよいですか？
　　　　　　　한국말을 잘하려면 어떻게 해야 합니까? ……………… 116

第28課　●〈逆接〉一生懸命運動しているんですが、やせません
　　　　　　　열심히 운동하는데 살이 안 빠져요 …………………… 120

第29課　●〈逆接〉雪は降っていますが、暖かいです
　　　　　　　눈은 오지만 날씨는 따뜻해요 ……………………………… 124

第30課　●〈選択〉映画を見たり音楽を聴いたりして気を紛らします
　　　　　　　영화를 보거나 음악을 들으면서 기분을 달래요 ……… 128

第31課　●〈同時進行〉夫は寝言を言います
　　　　　　　남편은 자면서 잠꼬대를 해요 …………………………… 132

第32課　●〈連結動作〉あまりに疲れていて横になったとたん眠りました
　　　　　　　너무 피곤해서 눕자마자 잠들었어요 ………………… 136

第33課　●〈時間〉両親に会いたい時、電話をします
　　　　　　　부모님이 보고 싶을 때 전화를 합니다 ……………… 140

第34課　●〈附加〉この道をまっすぐ行って途中で左に曲がってください
　　　　　　　이 길을 쭉 가다가 왼쪽으로 돌아가세요 ……………… 144

第35課　●〈結果〉一晩中泣いていると思ったら、目がパンパンに腫れたね
　　　　　　　밤새 울더니 눈이 퉁퉁 부었네 ……………………… 148

● チェックリスト …………………………………………………………… 152

第1章

韓国での一日の会話

第1課

はじめまして
안녕하세요?

안녕하세요!

山田さんが韓国に短期間のホームステイに行くことになりました。韓国で下宿のおばさんと初めて会う時から別れるまでによく使われる表現です。山田さんと下宿のおばさんの会話です。

第1課　はじめまして

こんにちは。

はじめまして。

山田と申します。

よろしくお願いいたします。

ようこそいらっしゃいました。

どうぞお入りください。

これつまらないものですが、どうぞお受け取りください。

안녕하세요?
こんにちは。

下宿に着きました。玄関での紹介のあいさつです。韓国では朝、昼、晩関係なくこのあいさつを交わしますので便利ですね。いつも会っている人にも使える便利なあいさつ表現です。より丁寧なあいさつ안녕하십니까? もあります。

처음 뵙겠습니다.
はじめまして。

「はじめてお目にかかります」という意味のとても丁寧なあいさつです。名前を名乗る前に言います。

야마다라고 합니다.
山田と申します。

名前を名乗る時、-입니다「～です」を付けて言うのが、一般表現です。あるいは-(이)라고 합니다「～と申します」を付けて名乗ることもできます。

잘 부탁드리겠습니다.
よろしくお願いいたします。

「よろしくお願いします」にあたる表現には、丁寧さの異なるさまざまな言い方があります。부탁합니다く부탁하겠습니다く부탁드리겠습니다の順に丁寧になります。

어서 오세요. 잘 오셨어요.
ようこそいらっしゃいました。

어서 오세요は出迎えの場合に使います。店の店員が客を迎え入れる場合などにも使います。店で店員が어서 오세요と言うと、구경 좀 해도 돼요? と言って店に入ります。

얼른 들어오세요.
どうぞお入りください。

「どうぞ」のように相手に勧める時には、얼른、빨리、어서などを使います。

이거 별거 아니지만, 받으세요.
これつまらないものですが、どうぞお受け取りください。

何かお土産や贈り物を渡す時のあいさつことばです。별거 아니다は「たいした物ではない」という意味です。

第1課　はじめまして

안녕하세요?

처음 뵙겠습니다.

야마다라고 합니다.

잘 부탁드리겠습니다.

어서 오세요. 잘 오셨어요.

얼른 들어오세요.

이거 별거 아니지만, 받으세요.

第2課

楽に過ごしてください
편하게 지내세요

子音の名称

ㄱ	기역	ㅇ	이응	ㄲ	쌍기역
ㄴ	니은	ㅈ	지읒	ㄸ	쌍디귿
ㄷ	디귿	ㅊ	치읓	ㅃ	쌍비읍
ㄹ	리을	ㅋ	키읔	ㅆ	쌍시옷
ㅁ	미음	ㅌ	티읕	ㅉ	쌍지읒
ㅂ	비읍	ㅍ	피읖		
ㅅ	시옷	ㅎ	히읗		

第2課　楽に過ごしてください

気を使っていただいてすみません。

ありがとうございます。

この部屋を使ってください。

ここが居間で、あそこが台所です。

トイレはどこですか？

トイレは部屋の横にありますよ。

楽に過ごしてください。

> 뭘 이런 걸 다 가져 오셨어요.
> 気を使っていただいてすみません。

「わざわざこういうものまで持って来ていただいてすみません」と、申し訳ない気持ちを遠まわしに表現したあいさつです。話しことばでは短縮形が多く使われます。
무엇을→뭘, 것을→걸.

> 고맙습니다.
> ありがとうございます。

감사합니다「感謝します、感謝いたします」と同じ意味の感謝のあいさつことばとして、固有語を用いた表現です。ありがとうは고마워요は使いますが、감사해요は使いません。

> 이 방을 쓰세요.
> この部屋を使ってください。

韓国の部屋はほとんどが「オンドル部屋」です。韓国の宿泊施設はオンドル部屋もありますのでぜひ試してみてください。

> 여기가 거실이고, 저기가 부엌이에요.
> ここが居間で、あそこが台所です。

여기（ここ）、거기（そこ）、저기（あそこ）。夫婦が使う部屋は안방、子供部屋は아이방、書斎は서재、ベランダは베란다、玄関は현관です。'-고'は、ことばをつなぐ「～で」です。

> 화장실이 어디예요?
> トイレはどこですか？

어디예요は、어디에 있어요「どこにありますか」とも言います。
예요は입니다の話しことばです。입니다よりくだけた感じで親しみがあります。

> 화장실은 방 옆에 있어요.
> トイレは部屋の横にありますよ。

韓国ではお風呂、トイレ、洗面台が화장실（化粧室）にあります。
오른쪽（右側）、왼쪽（左側）、위（上）、아래（下）、앞（前）、위（後ろ）、맞은편（向かい側）、건너편（向こう側）。

> 편하게 지내세요.
> 楽に過ごしてください。

내 집처럼 지내세요「自分の家のように過ごしてください」、필요한 것이 있으면 언제든지 말하세요「必要なものがありましたらいつでも言ってください」。

第２課　楽に過ごしてください

>>> 뭘 이런 걸 다 가져 오셨어요.

>>> 고맙습니다.

>>> 이 방을 쓰세요.

>>> 여기가 거실이고, 저기가 부엌이에요.

>>> 화장실이 어디예요?

>>> 화장실은 방 옆에 있어요.

>>> 편하게 지내세요.

第3課

辛いけどおいしいです。辛い物が好きです
맵지만 맛있어요. 매운 거 좋아해요

〈夕食の時間になりました〉

食事の時にテーブルの場合は日本と同じく椅子にかければいいのですが、お膳が出て、床で食べる時は、女性は正座ではなく楽に座ってもいいです。正座の足を少し斜めに崩してもいいし、男性のようにあぐらをしてもかまいません。ただし、足を伸ばしてはいけません。

第3課　辛いけどおいしいです

山田さん、お食事どうぞ。

お口に合うかどうか分からないですが。

十分ではありませんが、たくさん召し上がってください。

いただきます。

キムチ辛いでしょう？

辛いけどおいしいです。

辛い物が好きです。

야마다 씨, 식사하세요.
山田さん、お食事どうぞ。

さらに丁寧な言い方は、진지 잡수세요「お食事をお召し上がりください」です。
씨は「さん」にあたり、韓国人には씨をフルネームに付けて言うのが自然です。名前だけに付けて呼ぶと親しみがあります。

입에 맞을지 모르겠네요.
お口に合うかどうか分からないですが。

입에 맞다は、日本語の「口に合う」とまったく一緒ですね。

차린 건 없지만 많이 드세요.
十分ではありませんが、たくさん召し上がってください。

차리다は상을 차리다「お膳を整える」の意味です。

잘 먹겠습니다.
いただきます。

食事の前にするこのあいさつは、日本のように手を合わせません。軽く頭を下げていただきます。

김치 맵지요?
キムチ辛いでしょう？

キムチは普通、배추 김치「白菜キムチ」を指します。大根キムチは깍뚜기、きゅうりキムチは오이 김치と言います。김치の発音は唇をしっかり閉じて김と発音をします。キムにならないように気をつけてください。

맵지만 맛있어요.
辛いけどおいしいです。

辛いものが苦手な方は、店員にあらかじめ '고춧가루 넣지 마세요. 맵지 않게 해 주세요.'「コチュガルは、のせないで下さい。私は辛いものが食べられません」または '고추장 따로 주세요.'「コチュジャンは、別皿にしてください」と伝えましょう。

매운 거 좋아해요.
辛い物が好きです。

会話では것「もの」は거に縮まります。もともとは것을ですが、会話では助詞がよく省略されます。을が省略されています。

第３課　辛いけどおいしいです

야마다 씨, 식사하세요.

입에 맞을지 모르겠네요.

차린 건 없지만 많이 드세요.

잘 먹겠습니다.

김치 맵지요?

맵지만 맛있어요.

매운 거 좋아해요.

第4課

コーヒー飲みましょうか？
우리 커피 마실까요?

네, 좋아요!

紛らわしい単語

작다 / 적다	小さい／少ない
들르다 / 들리다	寄る／聞こえる
어제 / 언제	昨日／いつ
늦잠 / 낮잠	寝坊／昼寝
설탕 / 사탕	砂糖／キャンディー
겨울 / 거울	冬／鏡
교회 / 교외	教会／郊外
서두르다 / 서투르다	急ぐ／下手だ
넣다 / 놓다	入れる／置く

第4課　コーヒー飲みましょうか

もっと召し上がってください。

いいえ、もうたくさんいただきました。

ご馳走様でした。

洗い物お手伝いしましょうか？

大丈夫です。休んでください。

コーヒー飲みましょうか？　あら、砂糖がないわ。

私が買って来ます。

더 드세요.
もっと召し上がってください。

お代わりを勧める時は、더 드세요、お代わりをお願いする時は、더 주세요と言います。「お代わり」という表現はありません。

아니요, 많이 먹었어요.
いいえ、もうたくさんいただきました。

많이 먹었어요「もうたくさんいただきました」と言っても、さらに勧められたら 배 불러요「お腹いっぱいです」とはっきり断りましょう。

잘 먹었습니다.
ご馳走様でした。

店で食事が終わって出る時にするあいさつは、맛있게 먹었습니다「おいしくいただきました」です。

설거지 도와 드릴까요?
洗い物お手伝いしましょうか?

설거지는 제가 할게요「洗い物は私がします」と積極的に手伝うと喜ばれますよ。

괜찮아요. 쉬세요.
大丈夫です。休んでください。

婉曲に断る時も、OKする時も、괜찮아요を使います。
괜찮다は、「悪くない、結構だ、なかなかいい」の意味と、「間に合う、十分だ、大丈夫だ、構わない、心配ない」、「(婉曲に断る時の)結構だ」の時も使います。

우리 커피 마실까요? 어머, 설탕이 없네.
コーヒー飲みましょうか? あら、砂糖がないわ。

〈おばさんの後片付けが終わりました〉설탕は砂糖で、사탕はキャンディ、飴のことですね。参考までに韓国のコーヒーは薄いですよ。

제가 사 올게요.
私が買って来ます。

韓国では目上の人のお使いをするのは、심부름と言います。
「わたしが」は내가、「わたくしが」は제가で、나가、저가ではないので気をつけましょう。

第4課　コーヒー飲みましょうか

더 드세요.

아니요, 많이 먹었어요.

잘 먹었습니다.

설거지 도와 드릴까요?

괜찮아요. 쉬세요.

우리 커피 마실까요? 어머, 설탕이 없네.

제가 사 올게요.

第5課

気をつけて行ってらっしゃい
조심해서 다녀오세요

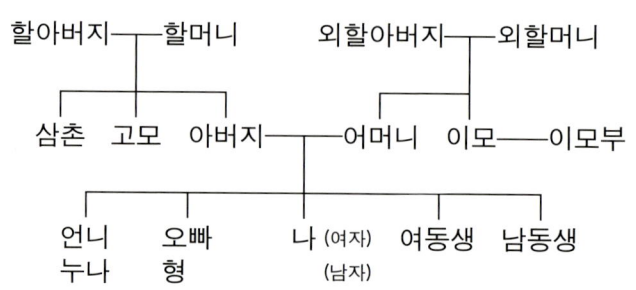

다녀오겠습니다~

```
할아버지──할머니         외할아버지──외할머니
        │                        │
   ┌────┼────┐              ┌────┼────┐
  삼촌  고모  아버지──────어머니  이모──이모부
              │
        ┌─────┼─────┬───────┐
       언니   오빠   나 (여자)  여동생  남동생
       누나    형       (남자)
```

第5課　気をつけて行ってらっしゃい

すみませんが、お願いします。

では、行ってきます。

気をつけて行ってらっしゃい。

ただいま。

ご苦労さまでした。ありがとう。

コーヒー、もう一杯いかがですか？

ええ、もう一杯下さい。

미안하지만, 부탁해요.
すみませんが、お願いします。

謝る時は、미안합니다、お願いする時は、미안합니다만を使います。ありがとうの意味では、미안합니다は使われません。

그럼, 다녀오겠습니다.
では、行ってきます。

外出の時、目上の人にするあいさつとして、다녀 오겠습니다、갔다 오겠습니다があります。

조심해서 다녀오세요.
気をつけて行ってらっしゃい。

조심(操心)하다は、気をつけるという意味です。감기 조심하세요「風邪に気をつけてください」、차 조심 하세요「車に気をつけてください」。

다녀왔습니다.
ただいま。

帰宅した時に、目上の人に다녀왔습니다と言うと、잘 다녀왔어?「お帰り」と声が返ってきます。

수고하셨어요. 고마워요.
ご苦労さまでした。ありがとう。

他人の骨折りをねぎらうことば、他人の苦労を敬って言うことばです。

커피 더 드릴까요?
コーヒー、もう一杯いかがですか？

韓国の食堂では、料理を注文するとたいていキムチやナムルなどの小皿のおかずが5〜6品ほど無料でついてきます。それらのおかわりも無料でできます。

네, 더 주세요.
ええ、もう一杯下さい。

断りたい時には、됐어요(結構です)を使います。'됐어요'には色々な意味があります。①断りの意味、②すみませんに対して'됐어요'は「大丈夫、平気です」という意味、③終わりましたか？に対して'다 됐어요'は「終わった、できました」の意味です。

第5課　気をつけて行ってらっしゃい

미안하지만, 부탁해요.

그럼, 다녀오겠습니다.

조심해서 다녀오세요.

다녀왔습니다.

수고하셨어요. 고마워요.

커피 더 드릴까요?

네, 더 주세요.

第6課

顔を洗ってから、食事にしましょう
세수 하시고 아침 드세요

네, 잘 잤어요!

잘 주무셨어요?

疑問詞

누구	誰	몇	いつく
언제	いつ	얼마	いくら
어디	どこ	어떤	どんな
무엇	何	무슨	何の
어떻게	どのように	왜	なぜ
어느쪽	どちら		

第6課　顔を洗ってから、食事にしましょう

お休みなさい。

はい、お休みなさい。

おはようございます。（よく眠れましたか？）

はい、よく眠れましたよ。

お顔を洗って朝食を召し上がって下さい。

目玉焼き、どのようにお焼きしましょうか？

半熟にしてください。

안녕히 주무세요.
お休みなさい。

日本では、夜、人と会って別れる時「お休みなさい」と言う時もありますが、韓国では普通안녕히 가세요と言います。

네, 잘 자요.
はい、お休みなさい。

안녕히 주무세요は目上の人に使う丁寧な表現で、目下の人には잘자요を使います。

안녕히 주무셨어요?
おはようございます。（よく眠れましたか？）

韓国では同じ建物の中で寝て起きた時にだけ、「おはよう」の意味で '안녕히 주무셨어요?' と言います。学校や会社では朝のあいさつは '안녕하세요' を使います。

네, 잘 잤어요.
はい、よく眠れましたよ。

目下の人には잘 잤어요と答えます。잘は「立派に、見事に」、「〜を上手にする、うまくする」、「詳しく、十分に」、「無事に、元気よく」、「しばしば、たびたび」「都合よく、折りよく」など色々な意味で使われています。

세수 하시고 아침 드세요.
お顔を洗って朝食を召し上がって下さい。

顔を洗うことを「洗顔をする」と意味で「세수를 하다」と言います。

계란 후라이 어떻게 해 드릴까요?
目玉焼き、どのようにお焼きしましょうか？

계란 후라이, 달걀 후라이どちらも使います。ゆで卵は（삶은 계란, 삶은 달걀）と言います。

반숙으로 해 주세요.
半熟にしてください。

완숙（完熟）なら완숙으로 해 주세요、완전히 익혀 주세요（よく焼いてください）。

30

第6課　顔を洗ってから、食事にしましょう

안녕히 주무세요.

네, 잘 자요.

안녕히 주무셨어요?

네, 잘 잤어요.

세수 하시고 아침 드세요.

계란 후라이 어떻게 해 드릴까요?

반숙으로 해 주세요.

第7課

9時から1時まで授業があります
9시부터 1시까지 수업이 있어요

그럼! 끝난후 가요!

내일은… 가고 싶은데…

意味が同じ言葉をつなげてみてください

입・　　・目
귀・　　・腕
코・　　・足
눈・　　・手
팔・　　・口
입・　　・鼻
발・　　・耳

第7課　9時から1時まで授業があります

学校に行って来ます。

あら、もう出かける時間ですか？

今日のスケジュールはどうですか？

9時から1時まで授業があります。

そして、学校が終わってから近所の美容室に行くつもりです。

6時くらいに帰ります。

どんなヘアスタイルになるか、楽しみね。気をつけて行ってらっしゃい。

> 저 학교 다녀올게요.
> 学校に行って来ます。

通常、一度出かけて、また同じ場所に戻ってくる時には、出かける人が「行ってきます（다녀올게요）」と言います。

> 아, 벌써 학교 갈 시간이에요?
> あら、もう出かける時間ですか？

びっくりする時、感嘆詞として韓国語は、「어머(女性), 아이구 (아이고), 에구….」言いよどみ（말더듬）としては「이, 에, 저, 음, 거시기」、あいづちは（맞장구）「아따, 응, 그래, 어서, 네, 오냐, 예」などがあります。

> 오늘 스케줄이 어떻게 돼요?
> 今日のスケジュールはどうですか？

어떻게 돼요? は、「どのくらいありますか？」の意味でも使われます。사이즈（サイズ）、키（背）、나이（年齢）など。

> 9시부터 1시까지 수업이 있어요.
> 9時から1時まで授業があります。

時間の読み方は、固有数詞＋시（時）、漢数詞＋분（分）、漢数詞＋초（秒）になります。ただし、하나는한、둘은두、셋은세、넷은네、스물은스무を用います。1時1分（한시 일분）

> 그리고 학교 끝나고 근처 미용실에 갈 거예요.
> そして、学校が終わってから近所の美容室に行くつもりです。

美容室は、미용실、미장원とも言います。男性が行く理髪店は이발소と言います。

> 6시쯤 집에 올 거예요.
> 6時くらいに帰ります。

韓国だけにある独特な家の賃貸方法として、家に入る時まとめたお金を支払い、出る時にはそのお金を返してもらう賃貸方法はなんでしょうか？
答 チョンセ（전세）

> 어떤 헤어스타일일지 기대돼요. 잘 다녀오세요.
> どんなヘアスタイルになるか、楽しみね。気をつけて行ってらっしゃい。

스트레이트 파마（ストレートパーマ）、웨이브 파마（ウェーブパーマ）、다듬어 주세요（そろえてください）、층을 넣어주세요（シャギーを入れてください）、머리를 염색해 주세요（髪を染めてください）、숱아 주세요（すいてください）。

第7課　9時から1時まで授業があります

저 학교 다녀올게요.

아, 벌써 학교 갈 시간이에요?

오늘 스케줄이 어떻게 돼요?

9시부터 1시까지 수업이 있어요.

그리고 학교 끝나고 근처 미용실에 갈 거예요.

6시쯤 집에 올 거예요.

어떤 헤어스타일일지 기대돼요. 잘 다녀오세요.

第8課

美容室に行って髪を切りました
미용실에 가서 머리를 잘랐어요

以下は職業を表します。日本語の意味を下から選んで（　）の中に番号を書いてみましょう。

학생 (　), 영화배우 (　), 가수 (　), 회사원 (　), 스포츠선수 (　)
선생님 (　), 의사 (　), 경찰관 (　), 주부 (　), 간호사 (　), 탤런트 (　), 점원 (　), 엔지니어 (　), 미용사 (　), 이발사 (　), 피부관리사 (　), 은행원 (　), 소방관 (　), 농민 (　), 여행가이드 (　), 경비원 (　), 아르바이트생 (　), 파트사원 (　)

①スポーツ選手　②看護師　③理髪師　④農民　⑤パート社員　⑥アルバイト生　⑦消防士　⑧美容師　⑨主婦　⑩会社員　⑪歌手　⑫警察官　⑬エンジニア　⑭銀行員　⑮警備員　⑯旅行ガイド　⑰エステティシャン　⑱タレント　⑲先生　⑳学生

第8課　美容室に行って髪を切りました

今日、学校はどうでしたか？

大変でしたけど、楽しかったです。

お昼は何を食べましたか？

食堂で友達とビビンバを食べました。

安くておいしかったです。

美容室に行って髪を切りました。どうですか？

よく似合うわよ。

오늘 학교 어땠어요?
今日、学校はどうでしたか？

韓国の道路は、車は右側通行です。車の運転席は左側にあります。横断歩道などが日本と反対ですので気をつけましょう。

힘들었지만, 재미있었어요.
大変でしたけど、楽しかったです。

初めて会った時のあいさつは、男性同士は主に握手を交わします。しかし、男性と女性、女性と女性の場合は握手より、お辞儀をします。

점심때 무엇을 먹었어요?
お昼は何を食べましたか？

食事をする時、日本ではご飯の上に汁をかけますが、韓国では汁の中にご飯を入れます。

식당에서 친구와 비빔밥을 먹었어요.
食堂で友達とビビンバを食べました。

韓国では学生達の間食（おやつ）として、떡볶이トッポッギ（餅の辛味たれ和え）、순대スンデ（豚の腸詰め）、라면ラーメン、햄버거ハンバーガー、김밥キムバプ（のり巻き）、빵菓子パン、피자ピザなどを食べます。

싸고 맛있었어요.
安くておいしかったです。

韓国ではご飯を食べる時、お茶碗、お椀は全てテーブルに置いたまま食べます。手にもって食べません。

미용실에 가서 머리를 잘랐어요. 어때요?
美容室に行って髪を切りました。どうですか？

韓国の美容院では、カットする前にシャンプーは行わず、水スプレーで髪を濡らしながら切ります。カットした後にお願いすれば、シャンプーもしてくれます。シャンプー代は無料です。

잘 어울려요.
よく似合うわよ。

人をほめる時、예뻐요（可愛いです）、젊어 보여요（若く見えます）などを使います。

第8課　美容室に行って髪を切りました

오늘 학교 어땠어요?

힘들었지만, 재미있었어요.

점심때 무엇을 먹었어요?

식당에서 친구와 비빔밥을 먹었어요.

싸고 맛있었어요.

미용실에 가서 머리를 잘랐어요. 어때요?

잘 어울려요.

第9課

さようなら
안녕히 가세요. 안녕히 계세요

또 놀러 오세요!

덕분에 재미있었습니다!

助詞

이/가	が	에	に	에게서/한테서	から（人）
은/는	は	에서	で	부터	から（時）
을/를	を	으로/로	へ	에서	から（場所）
과/와	と	으로/로	で（手段）	까지	まで

第9課　さようなら

おかげさまで楽しかったです。

いろいろとお世話になりました。

本当にありがとうございます。

また遊びに来てください。

さようなら。お元気で。

さようなら。お気をつけて。

덕분에 재미있었습니다.
おかげさまで楽しかったです。

〈別れる時〉ホームステイの場合は、신세 많이 졌습니다「お世話になりました」と言います。デートの後、別れる時は、오늘은 재미있었어요とも言います。

여러모로 신세를 많이 졌습니다.
いろいろとお世話になりました。

여러모로（多角的に、色々な面で）は、여러가지로と同じ意味です。

정말 감사합니다.
本当にありがとうございます。

韓国でアパートという意味は、日本でいうマンションを意味します。

또 놀러 오세요.
また遊びに来てください。

「また遊びに来てください」というあいさつは、韓国では社交辞令ではない場合が多いです。

안녕히 계세요.
さようなら。お元気で。

「さようなら」に当たる表現は、送る側か送られる側かによって言い方が違います。送られる側は「元気でいらしてください」という意味の안녕히 계세요を使います。

안녕히 가세요.
さようなら。お気をつけて。

送る側は「気をつけてお帰りください」の意味の안녕히 가세요、안녕히 가십시오を使います。道端で別れる時、お互いに言います。'안녕히 계십시오'はかしこまった表現です。手紙や電話での「さようなら」にも使います。

クイズ
アパートや事務室の大きさを表す時に使う韓国固有の単位は何ですか？
퀴즈
아파트나 사무실의 크기를 나타낼 때 쓰는 한국고유의 단위는 무엇입니까？
答 坪 (평)

第9課　さようなら

덕분에 재미있었습니다.

여러모로 신세를 많이 졌습니다.

정말 감사합니다.

또 놀러 오세요.

안녕히 계세요.

안녕히 가세요.

第2章
こういう時にこういう表現

第10課

韓国語ができますか？　はい、少しできます
한국말 할 줄 알아요? 네, 조금 할 줄 알아요

〈可能・不可能〉
〜することができる・できない
動詞＋(으)ㄹ 수 있다／없다　動詞＋(으)ㄹ 줄 있다／없다
可能・不可能を表すには、'(으)ㄹ 수 있다／없다' を用います。この '수' は「手立て、すべ、手段」などの意味を表すことばで、「〜すべがある・ない」から、「〜できる・できない」の意味になります。는、도などが付くこともあります。
할 수 있다は할 줄 알다と換えられない時があります。
지금 굉장히 피곤한 것 같은데, 운전할 줄 알아요? (×)
　　　　　　　　　　　'운전할 수 있어요? (○)'
학교에 몇 시까지 올 줄 알아요? (×)
　　　　　　　'올 수 있어요? (○)'
지금 내가 한 말을 이해할 줄 알아요? (×)
　　　　　　　'이해할 수 있어요? (○)'

第10課　韓国語ができますか

韓国語ができますか？
はい、少しできます。

韓国料理を作れますか？
作れません。

生け花ができますか？
はい、生け花をしたことあります。

ハングルをワードで打てますか？
できません。

文化商品券で映画も見ることができますよ。

運転はできませんか？
いいえ、できます。

私もそうするしかありませんでした。

> 한국말 할 줄 알아요? 네, 조금 할 줄 알아요.
> 韓国語ができますか？　はい、少しできます。

한국말 할 수 있어요? 할 수 없어요. と換えられます。한국말을の을が省略されています。「~ができる」は、-가 할 줄 안다ではなく -을/를 할 줄 안다ですので気をつけましょう。

> 한국 음식 만들 줄 알아요? 못 만들어요.
> 韓国料理を作れますか？　作れません。

한국음식 만들 수 있어요? 만들수 없어요. と同じ意味です。韓国の食べ物の基本の양념（薬味）は、마늘（にんにく）、소금（塩）、고춧가루（唐辛子）、참기름（ごま油）、깨（ゴマ）などです。

> 꽃꽂이 할 줄 아세요? 네, 꽃꽂이 해 본 적이 있어요.
> 生け花ができますか？　はい、生け花をしたことあります。

「できます」할 수 있다と答えにくい時は、해 본 적이 있어요のように「~してみたことがあります」と答えてもいいですよ。

> 한글 워드 칠 수 있어요? 못 쳐요.
> ハングルをワードで打てますか？　できません。

치다には워드를 치다（ワードを打つ）、피아노를 치다（ピアノをひく）、장난을 치다（いたずらをする）、테니스를 치다（テニスをする）、사람을 치다（人をなぐる）などがあります。

> 문화 상품권으로 영화도 볼 수 있어요.
> 文化商品券で映画も見ることができますよ。

韓国にも図書商品券がありますが、文化商品券というのがあって、本も買えますし、CDなども買えます。

> 운전 못 해요? 아니요, 할 줄 알아요.
> 運転はできませんか？　いいえ、できます。

「できないですか」のように否定型で質問した時は、できない場合は「はい、できません」、できる場合は「いいえ、できます」と答えます。日本語と全く一緒ですね。

> 저도 그렇게 할 수 밖에 없었습니다.
> 私もそうするしかありませんでした。

-밖에（しか）を加えて할 수 밖에 없다「~するしかない、せざるをえない」という意味になります。

第 10 課　韓国語ができますか

>>> 한국말 할 줄 알아요?
네, 조금 할 줄 알아요.

>>> 한국 음식 만들 줄 알아요?
못 만들어요.

>>> 꽃꽂이 할 줄 아세요?
네, 꽃꽂이 해 본 적이 있어요.

>>> 한글 워드 칠 수 있어요?
못 쳐요.

>>> 문화 상품권으로 영화도 볼 수 있어요.

>>> 운전 못 해요?
아니요, 할 줄 알아요.

>>> 저도 그렇게 할 수 밖에 없었습니다.

第11課

学校に向かっています。学校に来ています
학교에 오고 있어요. 학교에 와 있어요

〈進行・状態〉
動詞＋〜ている　−고 있다、아/어 있다
動作や状態を表す動詞に付いて、その動作や状態が継続・進行中であることを表します。
「来ている」、「座っている」、「残っている」などのように「〜ている」という日本語の表現が、すでになされた行為の結果が継続しているという意味を表す場合、これに当たる韓国語の表現は'아/어 있다'形式になります。

第11課　学校に向かっています

学校に向かっています。
学校に来ています。

先に行ってください。
先に行っていてください。

椅子に座りつつあります。
椅子に座っています。

黒板に書いています。
黒板に書いてあります。

人々を集めています。
人々が集まっています。

窓を開けています。
窓が開いています。

カレンダーを壁にかけています。
カレンダーが壁にかけてあります。

> 학교에 오고 있어요. 학교에 와 있어요.
> 学校に向かっています。学校に来ています。

学교에 오고 있어요는、学校に向かっている途中で、まだ着いていないということです。학교에 와 있어요は、すでに到着して学校にいるという意味ですね。

> 먼저 가고 계세요. 먼저 가 계세요.
> 先に行ってください。先に行っていてください。

敬語表現にするには、있다の尊敬語계시다を使います。먼저 가고 계세요は、先に出発してくだされば後でついて行きますという意味で、먼저 가 계세요は、目的地に先に行っていてくださいの意味です。

> 의자에 앉고 있어요. 의자에 앉아 있어요.
> 椅子に座りつつあります。椅子に座っています。

의자에 앉고 있다は、今椅子に座りつつあるという意味で、의자에 앉아 있다は、椅子にすでに座っている状態を表しています。

> 칠판에 쓰고 있어요. 칠판에 써 있어요.
> 黒板に書いています。黒板に書いてあります。

칠판에 쓰고 있어요は、今書いているという意味で、칠판에 써 있어요は、すでに誰かによって書いてある状態を言います。
ホワイトボードは韓国語では화이트보드と言います。

> 사람들을 모으고 있어요. 사람들이 모여 있어요.
> 人々を集めています。人々が集まっています。

들の位置が日本語と異なる時があります。식사들 하세요は、全員の人に食事をしなさいという意味です。

> 창문을 열고 있어요. 창문이 열려 있어요.
> 窓を開けています。窓が開いています。

대문（大門）は、一戸建ての門のことで、玄関のドアやマンションのドアは、현관문（玄関門）、部屋のドアは방문と言います。

> 달력을 벽에 걸고 있어요. 달력이 벽에 걸려 있어요.
> カレンダーを壁にかけています。カレンダーが壁にかけてあります。

韓国では正月や盆などの民族行事は、必ず陰暦（旧暦）を使います。誕生日に陰暦を使う人も多いです。

第11課　学校に向かっています

》》　학교에 오고 있어요.
　　　학교에 와 있어요.

》》　먼저 가고 계세요.
　　　먼저 가 계세요.

》》　의자에 앉고 있어요.
　　　의자에 앉아 있어요.

》》　칠판에 쓰고 있어요.
　　　칠판에 써 있어요.

》》　사람들을 모으고 있어요.
　　　사람들이 모여 있어요.

》》　창문을 열고 있어요.
　　　창문이 열려 있어요.

》》　달력을 벽에 걸고 있어요.
　　　달력이 벽에 걸려 있어요.

第12課

本は声を出して読まなければなりません
책은 소리를 내서 읽어야 해요

〈義務・許可〉
'아 / 어야 하다' '–지 않으면 안되다'
'해야 되다 / 하다'「〜しなければならない」という義務・必然の意味を表します。

第12課　本は声を出して読まなければなりません

7時前までに授業に来なければなりません。

ここ座ってもいいですか？
申し訳ないですが、人が来ます。

トイレ行ってもいいですか？
今は駄目です。休みの時間に行かなくてはなりません。

本は声を出して読まなければなりません。

締め切りを守らなければなりません。

行けなくなったので、予約をキャンセルしなければなりません。

お急ぎでしたら先に行ってもいいですよ。

7시전까지 수업에 오셔야 돼요.
７時前までに授業に来なければなりません。

「まで」、「までに」も韓国語では까지を使います。

여기 앉아도 돼요? 죄송하지만, 자리가 있어요.
ここ座ってもいいですか？　申し訳ないですが、人が来ます。

普通 '네, 있어요' と言う時は、人が来るという意味で、'아니요, 없어요' は空いているという意味です。

화장실 가도 돼요? 지금은 안돼요. 쉬는 시간에 가셔야 돼요.
トイレ行ってもいいですか？　今は駄目です。休みの時間に行かなくてはなりません。

ティッシュもトイレットペーパーも、화장지または휴지と言います。ゴミ箱は、휴지통です。

책은 소리를 내서 읽어야 해요.
本は声を出して読まなければなりません。

韓国語を勉強する時、できるだけ声を出して本を読むと、上達が早いです。毎日声を出して読むように心がけましょう。

마감날을 지켜야 돼요.
締め切りを守らなければなりません。

締め切りは、마감날です。
'언제 마감돼요?'「締め切りはいつですか？」

못 가게 돼서 예약을 취소하지 않으면 안돼요.
行けなくなったので、予約をキャンセルしなければなりません。

'전에 말한 거 취소할게'「この前言ったこと取り消しね」
취소하지 않으면 안돼요. 취소 해야 돼요.
どちらも「取り消さなければなりません」の意味です。

급하면 먼저 가셔도 돼요.
お急ぎでしたら先に行ってもいいですよ。

급하다는、「急ぐ」の意味です。傾斜が急な時は、경사가 급하다. せっかちな性格は、성격이 급하다と言います。

第12課　本は声を出して読まなければなりません

>>> 7시전까지 수업에 오셔야 돼요.

>>> 여기 앉아도 돼요?
죄송하지만, 자리가 있어요.

>>> 화장실 가도 돼요?
지금은 안돼요. 쉬는 시간에 가셔야 돼요.

>>> 책은 소리를 내서 읽어야 해요.

>>> 마감날을 지켜야 돼요.

>>> 못 가게 돼서 예약을 취소하지 않으면 안돼요.

>>> 급하면 먼저 가셔도 돼요.

第13課

友達も韓国語を習いたがっています
친구도 한국말을 배우고 싶어해요

〈希望〉
'-고 싶다' の形式は、「～したい」という希望表現になります。'고 싶다' は、主語が「私」の時に使い、あなたが主語の時には、'고 싶어요?' 疑問形で使います。それ以外の第3者の時は、'고 싶어하다' を使います。

第13課　友達も韓国語を習いたがっています

一度韓国に行ってみたいです。

韓国語が上手になりたいです。

電子辞書がほしいです。

友達も韓国語を習いたがっています。

韓国人の友達ができたらいいです。

ゆっくり説明してほしいです。

二度とミスしたくないです。

한국에 한번 가 보고 싶어요.
一度韓国に行ってみたいです。

回数を表す一度、二度は、한 번, 두 번です。番号を表す１番、２番は、일번, 이번です。

한국말을 잘하고 싶어요.
韓国語が上手になりたいです。

「〜が上手だ」は「が」を使いますが、韓国語では을 / 를を使います。
「絵が上手です」그림을 잘 그려요.「話が上手です」이야기를 잘 해요.

전자사전을 갖고 싶어요.
電子辞書がほしいです。

日本語の「〜がほしい」は韓国語ではいろいろな言い方がありますので注意が必要です。例えば「ボーイフレンドがほしいです」は남자친구가 생겼으면 좋겠어요.「のどかわいた。水がほしい」は목 말라. 물 마시고 싶어. です。「新しい車がほしい」は새 차 갖고 싶어. です。

친구도 한국말을 배우고 싶어해요.
友達も韓国語を習いたがっています。

他の人の希望、願望を表す時には、−을 / 를 −고 싶어하다「〜をしたがる」と表現します。
「皆、韓国について知りたがっています」모두 한국에 대해 알고 싶어해요.

한국 친구가 생겼으면 좋겠어요.
韓国人の友達ができたらいいです。

생기다は、「できる、生じる、起こる、顔つきが〜である、〜ように見える」の意味です。잘 생겼다는、「ハンサムだ」の意味で必ず過去形を使います。

천천히 설명해 주었으면 좋겠어요.
ゆっくり説明してほしいです。

「〜してほしいです」は、−았 / 었으면 좋겠어요と言います。

두번 다시 실수 하고 싶지 않아요.
二度とミスしたくないです。

실수とは、失敗、エラー、ミス、へまの意味のほか、失礼の意味もあります。
「昨日は大変失礼しました」어제는 실수가 많았습니다.
「誤ってお皿を割ってしまいました」실수로 접시를 깨뜨렸어요.

第 13 課　友達も韓国語を習いたがっています

>>> 한국에 한번 가 보고 싶어요.

>>> 한국말을 잘하고 싶어요.

>>> 전자사전을 갖고 싶어요.

>>> 친구도 한국말을 배우고 싶어해요.

>>> 한국 친구가 생겼으면 좋겠어요.

>>> 천천히 설명해 주었으면 좋겠어요.

>>> 두번 다시 실수 하고 싶지 않아요.

第14課

何になさいますか？　私はコーヒーにします
뭘로 하시겠어요? 저는 커피로 하겠어요

커피 주세요!

메뉴

〈予定・意図〉
「～するつもりです」と予定や意図を表す時には、-(으)ㄹ 거예요/-(으)ㄹ 생각이에요/-(으)ㄹ 예정이에요/-(으)려고 해요などの表現を使います。自分の意志を一方的に伝える時には、-겠어요を使います。

第14課　何になさいますか

明日何をするつもりですか？
明日は友だちに会うつもりです。

週末には大掃除をするつもりです。

ひと月に1冊ずつ本を読むつもりです。

今日夕ご飯にカレーライスを作るつもりです。

今年は韓国語能力試験を受けるつもりです。

転職しようと思います。

何になさいますか？
私はコーヒーにします。

> 내일 뭐 할 거예요? 내일은 친구를 만날 거예요.
> 明日何をするつもりですか？　明日は友だちに会うつもりです。

相手の予定を尋ねる時に一番よく使われる表現です。-(으)ㄹ 거예요？と尋ね、-(으)ㄹ 거예요と答えます。

> 주말에는 대청소를 할 생각이에요.
> 週末には大掃除をするつもりです。

韓国では、大掃除をする日が日本のように決まっていません。「春を迎える大掃除 '봄맞이 대청소'」という表現もあります。

> 한 달에 한 권씩 책을 읽을 거예요.
> ひと月に1冊ずつ本を読むつもりです。

「1日に3回 '하루에 세 번'」、「1万ウォンで2枚 '만 원에 두장'」のように基準となる単位を示す時에を使います。

> 오늘 저녁에 카레라이스를 만들 거예요.
> 今日夕ご飯にカレーライスを作るつもりです。

夕方も夕ご飯も저녁、朝も朝ご飯も아침、お昼は낮、お昼ごはんは점심と言います。

> 올해는 한국어능력시험을 보려고 해요.
> 今年は韓国語能力試験を受けるつもりです。

「今年」は漢字語の금년より올해をよく使います。
능력[능녁] 発音に気をつけて聞いてみましょう。ㄹの前にㅇがくるとㄹがㄴに変わって発音されます（鼻音化）。

> 직장을 옮기려고 해요.
> 転職しようと思います。

職場を移る직장을 옮기다、転職は전직（転職）、이직（離職）とも言います。취직（就職）、퇴직（退職）。

> 뭘로 하시겠어요? 저는 커피로 하겠어요.
> 何になさいますか？　私はコーヒーにします。

決定をした時 '(으)로' を使います。例 주스로 하겠어요. 홍차로 하겠어요.

第14課　何になさいますか

>> 내일 뭐 할 거예요?
　　내일은 친구를 만날 거예요.

>> 주말에는 대청소를 할 생각이에요.

>> 한 달에 한 권씩 책을 읽을 거예요.

>> 오늘 저녁에 카레라이스를 만들 거예요.

>> 올해는 한국어능력시험을 보려고 해요.

>> 직장을 옮기려고 해요.

>> 뭘로 하시겠어요?
　　저는 커피로 하겠어요.

第15課

キムチを作ったことがありますか？
김치 담가 본 적 있어요?

〈経験〉
～したことがある・ない
過去の経験を表す時は −(으)ㄴ 적이 있다 / 없다「～したことがある・ない」を使います。これは、−(으)ㄴ 일이 있다 / 없다と言い換えることができ、主に話しことばで使われます。
「試しに～してみる」を表す −아/ 어 보다＋ −(으)ㄴ 적이 있다 / 없다→ −아/ 어 본 적이 있다 / 없다の形でよく使われます。

第15課　キムチを作ったことがありますか

慶福宮に行ったことがあります。

トッポッキを食べたことがありますか？
いいえ、ありません。

キムチを作ったことがありますか？

ファックスを使ったことがありますか？
いいえ、一度もありません。

人前で一度も泣いたことがありません。

就職したことがありません。

韓国で困ったことはありませんでしたか？

경복궁에 가 본 적이 있어요.
慶福宮に行ったことがあります。

慶福宮は朝鮮王朝を建国した李成桂によって1395年に建てられた最初の正宮です。ソウルに行ったら一度訪ねてみてはいかがですか？　日本語のガイドもありますよ。

떡볶이 먹어 본 적 있어요? 아니요, 없어요.
トッポッキを食べたことがありますか？　いいえ、ありません。

떡（お餅）を野菜と炒め（볶다）、唐辛子味噌（고추장）で味付けした料理です。

김치 담가 본 적 있어요?
キムチを作ったことがありますか？

담그다（漬ける）は으変則です。-아/어母音が付くと담가に変わります。
담그다（漬ける）は、담가요（漬けます）、담갔어요（漬けました）のように活用します。

팩스 써 본 적 있어요? 아니요, 한번도 없어요.
ファックスを使ったことがありますか？　いいえ、一度もありません。

쓰다には使う、書く、苦い、（傘を）さす、（帽子を）かぶる、（眼鏡を）かけるなどいろいろな意味があります。

남 앞에서 한번도 운 적이 없어요.
人前で一度も泣いたことがありません。

「人前」は사람 앞ではなく、남 앞（他人の前）を使います。울다（泣く）ㄹ語幹の用言はㅅ、ㅂ、ㄴの前で脱落します。

취직한 적이 없어요.
就職したことがありません。

就職活動は취직준비（就職準備）と言います。韓国にはリクルートスーツはなく、普通정장（正装）をします。

한국에서 곤란한 적은 없었어요?
韓国で困ったことはありませんでしたか？

곤란한[골라난]（困った）。発音に気をつけて聞いてみましょう。

第15課　キムチを作ったことがありますか

>>> 경복궁에 가 본 적이 있어요.

>>> 떡볶이 먹어 본 적 있어요?
아니요, 없어요.

>>> 김치 담가 본 적 있어요?

>>> 팩스 써 본 적이 있어요?
아니요, 한번도 없어요.

>>> 남 앞에서 한번도 운 적이 없어요.

>>> 취직한 적이 없어요.

>>> 한국에서 곤란한 적은 없었어요?

第16課

がんばってください
많이 파세요. 수고하세요

〈命令（指示）・お願いの表現〉
「～してください」と命令（指示）する時は、-(으)세요を使います。かしこまった表現は、-(으)십시오です。

第16課　がんばってください

ここにおかけ下さい。

舎堂駅で２号線に乗り換えてください。

こちらの方にいらしてください。

ここに住所と名前を書いてください。

わからないことがあれば尋ねてください。

がんばってください。

交通規則を守ってください。

여기 앉으세요.
ここにおかけ下さい。

韓国ではバスや地下鉄で若い人が目上の人に席を譲る場面によく出会います。そんな時にこの表現を使います。

사당역에서 2호선으로 갈아타세요.
舎堂駅で2号線に乗り換えてください。

ソウルの地下鉄は1号線から9号線まであります。地下鉄の路線図で乗り換え駅は 환승역（換乗駅）または 갈아타는 곳 といって太極マークがあります。

이쪽으로 오세요.
こちらの方にいらしてください。

レストランやお店などで席や場所を案内する時の表現です。道案内する時は、'이쪽으로 가세요'「こちらの方にお行きください」と言います。

여기에 주소와 이름을 쓰세요.
ここに住所と名前を書いてください。

手紙の差出人は、내는 사람、受取人は 받는 사람と言います。

모르는 것이 있으면 물어 보세요.
わからないことがあれば尋ねてください。

「知らない」も「分からない、理解できない」も 모르다 を使います。

많이 파세요. 수고하세요.
がんばってください。

'많이 파세요'「たくさん売って下さい」は、市場のおばさん 아줌마 やおじさん 아저씨 と別れる時、'수고 하세요'「ご苦労様」は、お客さんがバスやタクシーから降りる時に使います。地下鉄の駅員さんなどにも気軽に使ってみてください。

교통규칙을 지키십시오.
交通規則を守ってください。

韓国は車が左ハンドルです。日本とは逆なので、道路を渡る時は気をつけましょう。

第16課　がんばってください

>>> 여기 앉으세요.

>>> 사당역에서 2호선으로 갈아타세요.

>>> 이쪽으로 오세요.

>>> 여기에 주소와 이름을 쓰세요.

>>> 모르는 것이 있으면 물어 보세요.

>>> 많이 파세요. 수고하세요.

>>> 교통규칙을 지키십시오.

第17課

ゆっくりおっしゃってください
천천히 말씀해 주세요

〈お願い・命令〉
丁寧にお願いする時は、아/어 주세요を使います。아/어 주십시오は、かしこまった表現です。

第17課　ゆっくりおっしゃってください

道をちょっと教えてください。

ゆっくりおっしゃってください。

コーヒーをいれてください。

少々お待ちください。

ロッテホテルまでお願いします。

ちょっとまけてください。

お勘定をお願いします。

길 좀 가르쳐 주세요.
道をちょっと教えてください。

좀は「ちょっと」という意味ですが、お願いする時に좀を入れるとより丁寧な感じがします。

천천히 말씀해 주세요.
ゆっくりおっしゃってください。

천천히の反対語は빨리です。韓国人は빨리 빨리をよく使います。

커피 타 주세요.
コーヒーをいれてください。

커피（コーヒー）、코피（鼻血）、카피（コピー）発音に注意しましょう。

잠깐만 기다려 주세요.
少々お待ちください。

縮めて잠깐만요[잠깐만뇨] とも言います。

롯데 호텔까지 가 주세요.
ロッテホテルまでお願いします。

タクシーの運転手さんに「〇〇まで」と頼む時、目的地＋가 주세요と言います。까지は言わなくてもいいですよ。

좀 깎아 주세요.
ちょっとまけてください。

'더 주세요'「もっとください」と言うと、덤（おまけ）をくれることもありますよ。

계산해 주세요.
お勘定をお願いします。

韓国では日本ほどきちんと割り勘をする文化ではありません。

第17課　ゆっくりおっしゃってください

▶▶ 길 좀 가르쳐 주세요.

▶▶ 천천히 말씀해 주세요.

▶▶ 커피 타 주세요.

▶▶ 잠깐만 기다려 주세요.

▶▶ 롯데 호텔까지 가 주세요.

▶▶ 좀 깎아 주세요.

▶▶ 계산해 주세요.

第18課

私の妹は優しくてきれいです
내 동생은 착하고 예뻐요

羅列、列挙：-고
動詞、形容詞、動詞すべてに使えます。２つの文を並べる時に使います。
前件Ａと後件Ｂとを単純に並べ立てる意味。前の文と後ろの文を入れ替えても同じ内容になります。

第18課　私の妹は優しくてきれいです

教室には主婦もいて、会社員もいます。

私はコーヒーを頼み、友達は紅茶を頼みました。

試験に私は受かり、友達は落ちました。

私の妹は優しくてきれいです。

週末は友達にも会い、図書館にも行きます。

女子高生時代は夢も多く、悩みも多かったです。

初めて韓国語を習った時は発音も難しく、文法も難しかったです。

교실에는 주부도 있고, 회사원도 있습니다.
教室には主婦もいて、会社員もいます。

있다は「いる」と「ある」両方の意味があります。
机もあって、椅子もあります。책상도 있고 의자도 있습니다.

나는 커피를 시키고, 친구는 홍차를 시켰습니다.
私はコーヒーを頼み、友達は紅茶を頼みました。

시키다には、させるの他、頼む、注文するという意味もあります。

시험에 나는 붙고 친구는 떨어졌습니다.
試験に私は受かり、友達は落ちました。

붙다は受かる、合格するという意味。떨어지다は落ちる、不合格するという意味です。

내 동생은 착하고 예뻐요.
私の妹は優しくてきれいです。

착하다は気立てがよく言動が正しくて善良であることを意味します。
妹も弟も동생です。妹は여동생（女同生）、弟は남동생（男同生）です。

주말에는 친구도 만나고 도서관에도 가요.
週末は友達にも会い、図書館にも行きます。

韓国語で時間を表すことば：아침（朝）、점심・낮（昼）、저녁（晩）、작년（昨年）、내년（来年）、봄（春）などには에をつけます。

여고 시절에는 꿈도 많고 고민도 많았습니다.
女子高生時代は夢も多く、悩みも多かったです。

시절は時代、時期の意味です。歴史的区分は시대（時代）、時期には시절（時節）を使います。조선시대（朝鮮時代）、학창시절（学生時代）、어린시절（子ども時代）。

처음 한국어를 배웠을 때는 발음도 어려웠고, 문법도 어려웠어요.
初めて韓国語を習った時は発音も難しく、文法も難しかったです。

-(으)ㄹ 때は「～する時」という意味。過去（～した時）は -았 / 었 / 였을 때を使います。

第18課　私の妹は優しくてきれいです

▶▶▶　교실에는 주부도 있고, 회사원도 있습니다.

▶▶▶　나는 커피를 시키고, 친구는 홍차를 시켰습니다.

▶▶▶　시험에 나는 붙고 친구는 떨어졌습니다.

▶▶▶　내 동생은 착하고 예뻐요.

▶▶▶　주말에는 친구도 만나고 도서관에도 가요.

▶▶▶　여고 시절에는 꿈도 많고 고민도 많았습니다.

▶▶▶　처음 한국어를 배웠을 때는 발음도 어려웠고, 문법도 어려웠어요.

第19課

前もって連絡して行きます
먼저 연락하고 가겠습니다

지금 가도 돼요~?

피자

〈動作の順序〉
〜して（から）　-고（-고나서）
２つの文の時間的な並べ立て。
時間的に先行する動作が来て、次に起こった動作が後ろの節に来る場合。
前の文と後ろの文は入れ替えることができません。

第19課　前もって連絡して行きます

よく聞いて答えてください。

手を洗ってご飯を食べます。

毎日、日記を書いて寝ます。

ご飯を食べて歯を磨きます。

本を読んで感想文を書きました。

授業が終わってから、一杯飲みましょう。

前もって連絡して行きます。

잘 듣고 대답하세요.
よく聞いて答えてください。

잘 듣고 따라 하세요. よく聞いて、後について発音してください。
'네' 하고 대답하세요. 「はい」と返事してください。

손을 씻고 밥을 먹습니다.
手を洗ってご飯を食べます。

씻다は「洗う」の意味です。「顔을 씻다」はせ수하다、「髮을 씻다」は머리를 감다、「服을 씻다」は옷을 빨다と言います。

매일 일기를 쓰고 잡니다.
毎日、日記を書いて寝ます。

絵日記はユ림 일기、日記帳は일기장、交換日記は교환 일기。
韓国語で毎日日記を書くと韓国語の実力がぐんと上がりますよ。

밥을 먹고 이를 닦습니다.
ご飯を食べて歯を磨きます。

皆さんは朝、밥을 먹고 이를 닦습니까? ご飯を食べてから歯を磨きますか? 이를 닦고 밥을 먹습니까? 歯を磨いてからご飯を食べますか?

책을 읽고 독후감을 썼습니다.
本を読んで感想文を書きました。

독후감は「読後感」という漢字語で、日本では「読書感想文」と言いますね。
ちなみに「あらすじ」は줄거리と言います。

수업 끝나고 한잔 합시다.
授業が終わってから、一杯飲みましょう。

한잔 합시다はお茶やコーヒーではなく、お酒を飲みに行こうという意味です。

먼저 연락하고 가겠습니다.
前もって連絡して行きます。

먼저はあらかじめ、前もって、先に、まず、とりあえずなどさまざまな意味があります。
'먼저 실례하겠습니다'「お先に失礼します」。

第19課　前もって連絡して行きます

>> 잘 듣고 대답하세요.

>> 손을 씻고 밥을 먹습니다.

>> 매일 일기를 쓰고 잡니다.

>> 밥을 먹고 이를 닦습니다.

>> 책을 읽고 독후감을 썼습니다.

>> 수업 끝나고 한잔 합시다.

>> 먼저 연락하고 가겠습니다.

第20課

寝る前に戸締りをします
자기 전에 문단속을 합니다

～する前に　-기 전에　動詞の語幹に続ける。
～した後で　-(으)ㄴ 후에　動詞の過去連体形に続ける。

第 20 課　寝る前に戸締りをします

地下鉄に乗る前にチケットを買ってください。
切符を買った後、地下鉄に乗ってください。

海外旅行に行く前にパスポートを作ります。
パスポートを作った後、海外旅行に行きます。

薬を飲む前にご飯を食べなければなりません。
ご飯を食べた後、薬を飲まなければなりません。

水に入る前に準備運動をしてください。
準備運動をした後、水に入ってください。

寝る前に戸締りをします。
戸締りをした後、寝ます。

授業の前に予習をします。
授業の後で復習をします。

試験を受ける前に勉強をします。
勉強をした後、試験を受けます。

87

지하철을 타기 전에 표를 사세요. 표를 산 후에 지하철을 타세요.
地下鉄に乗る前にチケットを買ってください。切符を買った後、地下鉄に乗ってください。
「乗換駅」환승역, 갈아타는 역、● 太極マークがある所は乗換駅です。

해외 여행 가기 전에 여권을 만듭니다. 여권을 만든 후에 해외 여행을 갑니다.
海外旅行に行く前にパスポートを作ります。パスポートを作った後、海外旅行に行きます。
여권은 「旅券」의 漢字語로、패스포트（パスポート）よりよく使われます。
「旅行に行く」は여행에 가다ではなく 여행을 가다と言います。

약을 먹기 전에 밥을 먹어야 합니다. 밥을 먹은 후에 약을 먹어야 합니다.
薬を飲む前にご飯を食べなければなりません。ご飯を食べた後、薬を飲まなければなりません。
韓国では薬を「飲む＝마시다」ではなく「食べる＝먹다」と言います。
しかし、飲み薬は물약을 먹다 / 마시다両方とも使います。

물에 들어가기 전에 준비운동을 하세요. 준비운동을 한 후에 물에 들어 가세요.
水に入る前に準備運動をしてください。準備運動をした後、水に入ってください。
풀장（プール）、해수욕（海水浴）、수영복（水着）。

자기 전에 문단속을 합니다. 문단속을 한 후에 잡니다.
寝る前に戸締りをします。戸締りをした後、寝ます。
「飲酒運転取締り」は、음주 운전 단속と言います。

수업 전에 예습을 합니다. 수업 후에 복습을 합니다.
授業の前に予習をします。授業の後で復習をします。
授業でよく使う言葉：시작（始作）、끝（終わり）、숙제（宿題）、출석（出席）、결석（欠席）、지각（遅刻）、휴식시간 / 쉬는시간（休憩時間）。

시험을 보기 전에 공부를 합니다. 공부를 한 후에 시험을 봅니다.
試験を受ける前に勉強をします。勉強をした後、試験を受けます。
試験を受けるは、시험을 보다と言います。100点を取った場合は、백점 받았다と言います。

第 20 課　寝る前に戸締りをします

›››　지하철을 타기 전에 표를 사세요.
　　 표를 산 후에 지하철을 타세요.

›››　해외 여행 가기 전에 여권을 만듭니다.
　　 여권을 만든 후에 해외 여행을 갑니다.

›››　약을 먹기 전에 밥을 먹어야 합니다.
　　 밥을 먹은 후에 약을 먹어야 합니다.

›››　물에 들어가기 전에 준비운동을 하세요.
　　 준비운동을 한 후에 물에 들어 가세요.

›››　자기 전에 문단속을 합니다.
　　 문단속을 한 후에 잡니다.

›››　수업 전에 예습을 합니다.
　　 수업 후에 복습을 합니다.

›››　시험을 보기 전에 공부를 합니다.
　　 공부를 한 후에 시험을 봅니다.

第21課

日本語で話さないで韓国語で話してください
일본어로 하지 말고 한국말로 하세요

〈禁止の表現〉
～しないでください　–지 마세요 / 마십시오
動作の禁止を表す最も一般的な表現としては、–지 말다の命令形(말아요, 마십시오, 마세요)のような形があります。

第 21 課　日本語で話さないで韓国語で話してください

風邪をひかないでください。

約束を忘れないでください。

お隣の人と騒がないでください。

授業中にガムを噛まないでください。

日本語で話さないで韓国語で話してください。

本を見ないで先生を見て話してください。

作文はボールペンではなくて鉛筆で書いてください。

감기 들지 마세요.
風邪をひかないでください。

風邪をひくは감기가 들다、감기에 걸리다と言います。風邪の症状감기 증상として 鼻水콧물、せき기침、「体全体がだるい」몸살이 나다、「熱が出る」열이 나다、「元気がない」기운이 없다などがあります。

약속 잊지 마세요.
約束を忘れないでください。

잊다は忘れる、잃다はなくすという意味です。ただし、「なくさないでください」は잃지 마세요ではなく、잃어 버리지 마세요と言います。

옆 사람하고 떠들지 마세요.
お隣の人と騒がないでください。

お隣の家は옆 집、お隣の席は옆 자리、隣のお店は옆 가게、隣の部屋は옆 방です。

수업중에 껌 씹지 마세요.
授業中にガムを噛まないでください。

「よく噛んで食べなさい」は '꼭 꼭 씹어 먹어!' と言います。

일본어로 하지 말고 한국말로 하세요.
日本語で話さないで韓国語で話してください。

日本語は일어、独逸語は독어、中国語は중어、フランス語は불어と略します。

책 보지 말고 선생님 보고 말하세요.
本を見ないで先生を見て話してください。

先生は선생、魚は생선。間違えないようにしましょうね。호호호 !!!

작문은 볼펜말고 연필로 쓰세요.
作文はボールペンではなくて鉛筆で書いてください。

文章は글、一文は한 문장です。

第21課　日本語で話さないで韓国語で話してください

≫≫ 감기 들지 마세요.

≫≫ 약속 잊지 마세요.

≫≫ 옆 사람하고 떠들지 마세요.

≫≫ 수업중에 껌 씹지 마세요.

≫≫ 일본어로 하지 말고 한국말로 하세요.

≫≫ 책 보지 말고 선생님 보고 말하세요.

≫≫ 작문은 볼펜말고 연필로 쓰세요.

第22課

他の所に行ってみましょう
다른 데 가 봅시다

〈勧誘〉
「〜しましょう」は丁寧なかしこまった言い方の −(으)ㅂ시다と、丁寧なくだけた言い方 −아/어요があります。

第22課　他の所に行ってみましょう

授業を始めましょう。

他の所に行ってみましょう。

人のことに口出ししないようにしましょう。

韓国に旅行に行ったら積極的に話しかけましょう。

返事はすぐ出しましょう。

なるべく使い捨ては使わないようにしましょう。

お祭が開かれるのですが、一緒に見物に行きましょう。

수업 시작합시다.
授業を始めましょう。

スタートは시작、終わりは끝です。'고생 끝, 행복 시작!'「苦労終わり！ 幸せ始まり！」と唱えてみてください。いいことがあるかもしれませんよ。

다른 데 가 봅시다.
他の所に行ってみましょう。

데は「所」、거は「物」です。会話では「所」は곳よりデを、「物」は것より거をよく使います。「ほかの物を見せてください」は'다른 거 보여 주세요'と言います。

남의 일에 참견하지 맙시다.
人のことに口出ししないようにしましょう。

참견（参見）は他人のことに干渉することです。

한국 여행 가면 적극적으로 말을 겁시다.
韓国に旅行に行ったら積極的に話しかけましょう。

걸다は「かける」。話しかける말을 걸다、電話をかける전화를 걸다、ジャケットをハンガーに掛ける재킷을 옷걸이에 걸다、命をかける도 목숨을 걸다ですね。

답장은 바로 바로 쓰도록 합시다.
返事はすぐ出しましょう。

手紙やメールの返事は답장（答状）です。도록は「〜するように」と目標を表します。
'내일부터 일찍 일어나도록 할게요'「明日から早起きするようにします」。

되도록이면 일회용품은 쓰지 않도록 합시다.
なるべく使い捨ては使わないようにしましょう。

일회용 컵（使い捨てコップ）、일회용 면도기（使い捨てかみそり）、일회용 카메라（使い捨てカメラ）、일회용 렌즈（使い捨てコンタクトレンズ）。

축제가 열리는 데 같이 구경하러 가요.
お祭が開かれるのですが、一緒に見物に行きましょう。

お祭りは축제（祝祭）です。見に行くことを구경（求景）と言います。
韓国にも김치 축제（キムチ祭り）、벚꽃 축제（桜祭り）、단풍 축제（紅葉祭り）、풋고추축제（青唐辛子祭り）などたくさんの축제があります。

第22課　他の所に行ってみましょう

>>> 수업 시작합시다.

>>> 다른 데 가 봅시다.

>>> 남의 일에 참견하지 맙시다.

>>> 한국 여행 가면 적극적으로 말을 겁시다.

>>> 답장은 바로 바로 쓰도록 합시다.

>>> 되도록이면 일회용품은 쓰지 않도록 합시다.

>>> 축제가 열리는 데 같이 구경하러 가요.

第23課

まあ、おいしそう
와! 맛있겠다

〈推測〉
～だろう、～そうだ
-(으)ㄴ / 는 /(으)ㄹ 것 같다、-겠다、-(으)ㄹ 것이다
-(으)ㄴ / 는 /(으)ㄹ 것 같다：情報などに頼らずに自分で推測する時に使われる。

第23課　まあ、おいしそう

まあ、おいしそう。

気候が暖かくて今年は桜が早く咲きそうです。

朝出発したので今頃到着したでしょう。

空腹にまずいものなしと言うのでお腹がすけば食べるでしょう。

反省したのでこれからはうまくやるでしょう。

旧暦の１月15日、満月にお願いをすると必ずかなうでしょう。

今一生懸命勉強すれば合格できるでしょう。

와! 맛있겠다.
まあ、おいしそう。
感動した時、男性も女性も '와!' と言います。'아프겠다'「痛そう」'좋겠다!'「いいわね～！」

날씨가 따뜻해서 올해는 벚꽃이 빨리 피겠어요.
気候が暖かくて今年は桜が早く咲きそうです。
韓国では春の代表的な花は진달래（つつじ）と개나리（れんぎょう）です。

아침에 출발했으니까 지금 쯤 도착했겠지요.
朝出発したので今頃到着したでしょう。
朝・昼・晩、午前・午後には에が付きます。
「〜たでしょう」と過去のことを推測する時は、-았/었겠다を使います。

시장이 반찬이라고 배 고프면 먹겠지요.
空腹にまずいものなしと言うのでお腹がすけば食べるでしょう。
韓国では日本より日常会話でもことわざをよく使います。금강산도 식후경（花より団子）、식은 죽 먹기（朝飯前）。

반성했으니까 앞으로 잘할 거예요.
反省したのでこれからはうまくやるでしょう。
これからは지금부터と앞으로がありますが、今からすぐの場合は지금부터で、将来は앞으로です。

정월 대보름날 달을 보며 소원을 빌면 꼭 이뤄질 거예요.
旧暦の1月15日、満月にお願いをすると必ずかなうでしょう。
소원（所願）は、願い事、夢などの意味があります。
소원 뭐 빌었어요？何をお願いしましたか？

지금 열심히 공부하면 합격할 수 있을 거예요.
今一生懸命勉強すれば合格できるでしょう。
韓国の受験はとても厳しいようですね。みなさんも韓国語能力試験とハングル検定、KLPTなどを受けてみましょう。

第 23 課　まあ、おいしそう

▶▶▶ 와! 맛있겠다.

▶▶▶ 날씨가 따뜻해서 올해는 벚꽃이 빨리 피겠어요.

▶▶▶ 아침에 출발했으니까 지금 쯤 도착했겠지요.

▶▶▶ 시장이 반찬이라고 배 고프면 먹겠지요.

▶▶▶ 반성했으니까 앞으로 잘할 거예요.

▶▶▶ 정월 대보름날 달을 보며 소원을 빌면 꼭 이뤄질 거예요.

▶▶▶ 지금 열심히 공부하면 합격할 수 있을 거예요.

第 3 章
もっと会話をなめらかに

第24課

久しぶりに友達に会ってうれしかったです
오랜만에 친구를 만나서 반가웠어요

〈原因・理由〉
～ので、～して　-아/어서
Aの成立が「因」となり、それによってB「果」が成立するという意味。
'-았어서/었어서' という表現はありません。後ろの文が過去形になっていれば '아서/어서' も過去のものと見なされます。

第24課　久しぶりに友達に会ってうれしかったです

久しぶりに友達に会ってうれしかったです。

KTXは高いので乗りません。

家にコンピューターがなくて職場からEメールを送りました。

車に長い時間乗って乗り物酔いしました。

見たくてたまりません。

人参茶はあまりに苦くて飲めません。

末っ子なのでお下がりばかり着て育ちました。

오랜만에 친구를 만나서 반가웠어요.
久しぶりに友達に会ってうれしかったです。

久しぶりは오래간만에とも言います。반갑다は人に会ってうれしい時の表現です。誰かに会った時'반갑습니다'と言ってみてください。きっと喜ばれますよ。

KTX는 비싸서 안 탑니다.
KTXは高いので乗りません。

KTXはKorea Train Express 한국고속철도（韓国高速鉄道）です。
서울（ソウル）から부산（プサン）まで2時間40分です。ソウルから목포（木浦）まで2時間58分です。新幹線より安いので乗ってみてください。

집에 컴퓨터가 없어서 직장에서 이메일을 보냈어요.
家にコンピューターがなくて職場からＥメールを送りました。

Ｅメールは이메일、Ｅメールアドレスは이메일주소（住所）、＠は골뱅이 마크（かたつむりマーク）、ドットは점（点）と言います。

차를 오래 타서 멀미가 났어요.
車に長い時間乗って乗り物酔いしました。

차 멀미（車酔い）、비행기 멀미（飛行機酔い）、배 멀미（船酔い）。

보고 싶어서 못 참겠어요.
見たくてたまりません。

会いたいのも見たいのも、보고 싶다と言います。
못 참겠어요は、代わりに죽겠어요とも言います。

인삼차는 너무 써서 못 마셔요.
人参茶はあまりに苦くて飲めません。

단 맛（甘い味）、신 맛（酸っぱい味）、쓴 맛（苦い味）、짠 맛（塩辛い味）、매운 맛（辛い味）。

막내라서 헌 옷만 입고 자랐어요.
末っ子なのでお下がりばかり着て育ちました。

헌 옷（古着）、헌 책（古本）、헌 짚신도 짝이 있다（古わらじにも対がある）。

第 24 課　久しぶりに友達に会ってうれしかったです

>>> 오랜만에 친구를 만나서 반가웠어요.

>>> KTX는 비싸서 안 탑니다.

>>> 집에 컴퓨터가 없어서 직장에서 이메일을 보냈어요.

>>> 차를 오래 타서 멀미가 났어요.

>>> 보고 싶어서 못 참겠어요.

>>> 인삼차는 너무 써서 못 마셔요.

>>> 막내라서 헌 옷만 입고 자랐어요.

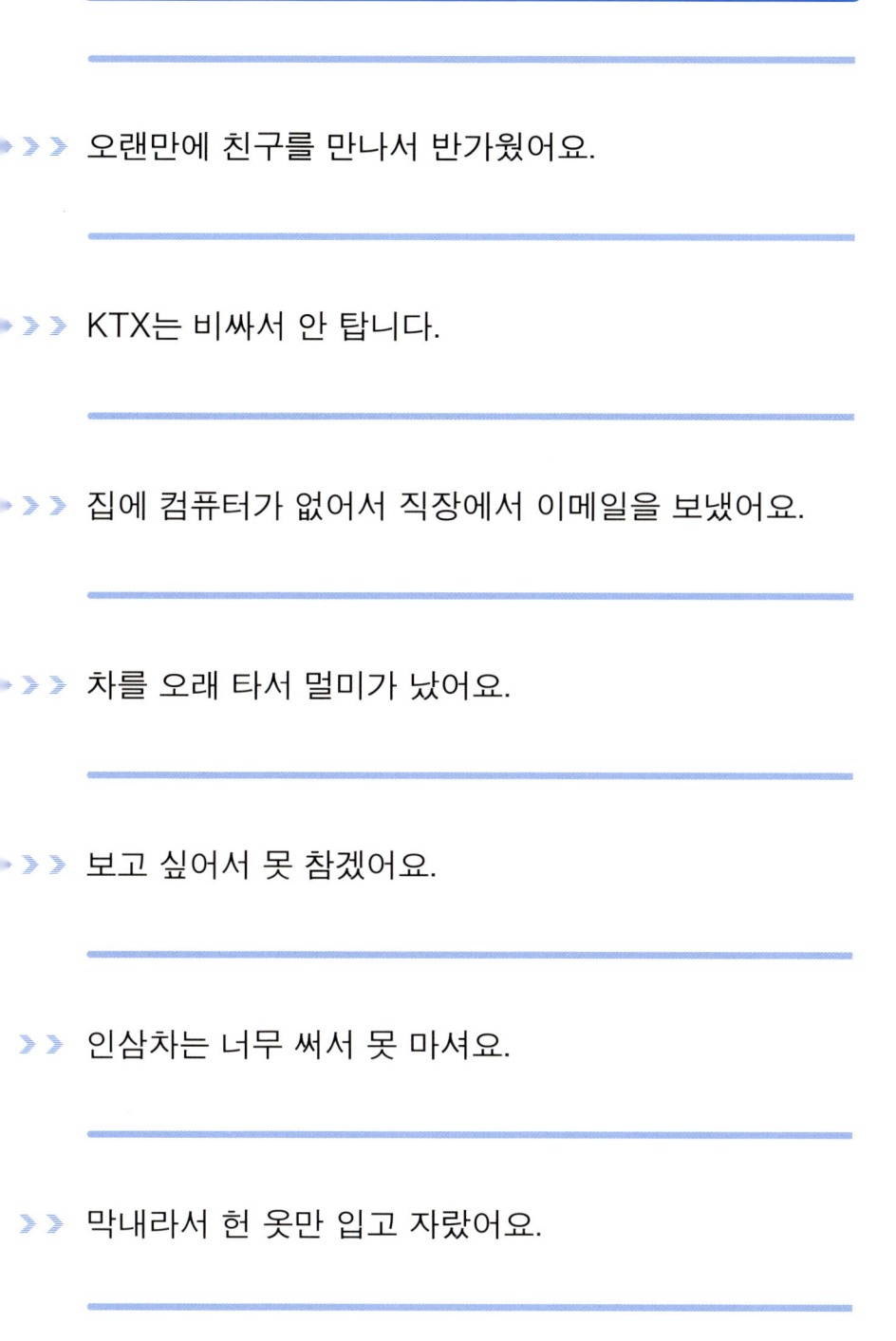

第25課

しっかり休んだのでもう大丈夫です
푹 쉬었기 때문에 이제 괜찮아요

〈理由〉
～するから、～ので －(으)니까, －기 때문에
－니까에 後続する文には命令・勧誘の表現が使えますが、
－기 때문에と －아／어서の後には命令・勧誘の表現は使えませんので注意しましょう。

第25課　しっかり休んだのでもう大丈夫です

私たちは同い年なので、敬語を使わないで付き合いましょう。

雪がとてもたくさん降るから、車を置いて出かけなさい。

午後、雨が降るようなので傘を持って行ってください。

せっかくここまでいらっしゃったのですから、家に寄って行ってください。

私は悲しい映画は嫌いなので、他の映画見ませんか？

しっかり休んだので、もう大丈夫です。

道が凍ってうっかりすると滑るので、気をつけなくてはいけませんよ。

> 우리는 동갑이니까 말 트고 지냅시다.
> 私たちは同い年なので、敬語を使わないで付き合いましょう。

동갑（同甲）同い年、말（을）트다は敬語を使わないで友だち付き合いをする、親しくするという意味です。

> 눈이 너무 많이 오니까 차 놓고 나가라.
> 雪がとてもたくさん降るから、車を置いて出かけなさい。

차 가지고 오세요「車で来てください」、차 가지고 오지 마세요「車で来ないでください」。

> 오후에 비가 올 테니까 우산을 가지고 가세요.
> 午後、雨が降るようなので傘を持って行ってください。

~はずだから −(으)ㄹ 테니까、겸용（兼用）、접는 우산（折りたたみ傘）、양산（日傘）。傘をさす우산을 쓰다、傘をたたむも閉じるも우산을 접다と言います。

> 모처럼 여기까지 오셨으니까 우리 집에 들렀다 가세요.
> せっかくここまでいらっしゃったのですから、家に寄って行ってください。

모처럼（わざわざ、せっかく）、들르다（立ち寄る）。

> 저는 슬픈 영화는 싫으니까 다른 영화 안 볼래요?
> 私は悲しい映画は嫌いなので、他の映画見ませんか？

해피엔딩（ハッピーエンド）、공포 영화（ホラー映画）。

> 푹 쉬었기 때문에 이제 괜찮아요.
> しっかり休んだので、もう大丈夫です。

「もう」は이제、벌써、이미의 3つの意味가 있습니다. 이제 괜찮아「もう大丈夫」、벌써 먹었어「もう食べたよ」、이미 늦었어「もう遅れちゃった」。

> 길이 얼어서 잘못하면 미끄러지기 때문에 조심해야 돼요.
> 道が凍ってうっかりすると滑るので、気をつけなくてはいけませんよ。

미끄러지다（滑る）、잘못하다（間違う）、잘 못하다（上手ではない）。分かち書きによって意味が異なるので書く時に気をつけましょう。

第25課　しっかり休んだのでもう大丈夫です

>>> 우리는 동갑이니까 말 트고 지냅시다.

>>> 눈이 너무 많이 오니까 차 놓고 나가라.

>>> 오후에 비가 올 테니까 우산을 가지고 가세요.

>>> 모처럼 여기까지 오셨으니까 우리 집에 들렀다 가세요.

>>> 저는 슬픈 영화는 싫으니까 다른 영화 안 볼래요?

>>> 푹 쉬었기 때문에 이제 괜찮아요.

>>> 길이 얼어서 잘못하면 미끄러지기 때문에 조심해야 돼요.

第26課

時間があればいつか食事でもしましょうか？
시간 있으면 언제 식사나 같이 할까요?

언제가 좋아요?

-(으)면は、「～すれば、～すると、～なら」のように条件や仮定の意味を表す表現です。

第26課　時間があればいつか食事でもしましょうか

来られなくなったら前もって連絡してください。

寒ければ暖房をつけてください。

電話を下さればすぐ出かけます。

時間があればいつか食事でもしましょうか？

ストレスがたまったらどのように解消しますか？
カラオケに行って思い切り歌を歌います。

宝くじに当たったらどうするつもりですか？
貯金するつもりです。

とても具合が悪かったら病院に行ってください。

못 오게 되면 미리 연락하세요.
来られなくなったら前もって連絡してください。

-게 되다には、変化を表す「〜するようになる」、「〜できるようになる」の意味があります。수영할 수 있게 되었어요. (泳げるようになりました)。사랑하게 되었어요. (愛するようになりました)。

추우면 난방을 트세요.
寒ければ暖房をつけてください。

電源を入れる時、明かりと電気は、켜다、エアコンは틀다をよく使います。

전화를 주시면 바로 나가겠습니다.
電話を下さればすぐ出かけます。

出かける、外に出るは '나가다'、発つ、離れるは '떠나다'。

시간 있으면 언제 식사나 같이 할까요?
時間があればいつか食事でもしましょうか？

「〜でも」と例示する時は (이) 나を使います。
「いつ」も「いつか」も언제と言います。OK をもらった時は、언제가 좋아요? (いつがいいですか？) と聞いてみましょう。

스트레스가 쌓이면 어떻게 풀어요? 노래방에 가서 실컷 노래를 불러요.
ストレスがたまったらどのように解消しますか？ カラオケに行って思い切り歌を歌います。

「ストレスがたまる」は、스트레스가 쌓이다、解消するは풀다と言います。「機嫌直して」は、기분 푸세요と言います。

복권에 당첨되면 어떻게 할 거예요? 저금할 거예요.
宝くじに当たったらどうするつもりですか？ 貯金するつもりです。

韓国で通帳を作る時には身分証신분증と印鑑도장が必要です。最近はサイン사인だけでも OK です。申請したその場で通帳통장とキャッシュカード현금카드がもらえます。

많이 아프면 병원에 가 보세요.
とても具合が悪かったら病院に行ってください。

아프다は痛い時と体の具合が悪い時にも使います。

第26課　時間があればいつか食事でもしましょうか

▶▶▶ 못 오게 되면 미리 연락하세요.

▶▶▶ 추우면 난방을 트세요.

▶▶▶ 전화를 주시면 바로 나가겠습니다.

▶▶▶ 시간 있으면 언제 식사나 같이 할까요?

▶▶▶ 스트레스가 쌓이면 어떻게 풀어요?
노래방에 가서 실컷 노래를 불러요.

▶▶▶ 복권에 당첨되면 어떻게 할 거예요?
저금할 거예요.

▶▶▶ 많이 아프면 병원에 가 보세요.

第27課

韓国語がうまくなるにはどうしたらよいですか？
한국말을 잘하려면 어떻게 해야 합니까？

-으려면「～しようとするなら、～したいなら」。으려면は으려고 하면の縮約形で、目的を表す으려고（～しようと）と하면（すれば）を縮めたものです。

第27課　韓国語がうまくなるにはどうしたらよいですか

早く良くなるにはしっかり休まなくてはなりません。

虎を捕まえるには虎の洞窟に入らなくてはなりません。

ソウル駅に行くにはどうやって行けばいいですか？

公演を見るにはあらかじめ予約してください。

電話番号を知るには114に尋ねてください。

チャプチェ（雑菜）を作るには何が必要ですか？
お肉とはるさめと野菜などが必要です。

韓国語がうまくなるにはどうしたらよいですか？
こつこつ努力しなくてはなりません。

빨리 나으려면 푹 쉬어야 돼요.
早く良くなるにはしっかり休まなくてはなりません。

良くなる낫다はㅅ不規則活用です。ㅅはㅇの前で脱落します。
감기 다 나았어요? 風邪は良くなりましたか？　네, 다 나았어요. はい、すっかり良くなりました。

호랑이를 잡으려면 호랑이 굴에 들어가야 합니다.
虎を捕まえるには虎の洞窟に入らなくてはなりません。

韓国人は虎が大好きです。88年オリンピック（팔팔올림픽）のマスコットも虎（호드리・호돌이）でしたね。

서울역에 가려면 어떻게 가야 합니까?
ソウル駅に行くにはどうやって行けばいいですか？

○○に行くには〜？　○○에 가려면〜?
○○の部分に남대문시장（南大門市場）、인사동（仁寺洞）、국립 박물관（国立博物館）などを入れて練習してみてください。

공연을 보려면 미리 예매를 하십시오.
公演を見るにはあらかじめ予約してください。

예매（予買）はお金を払って前もってチケットを買う事です。

전화번호를 알려면 114에 문의하십시오.
電話番号を知るには114に尋ねてください。

電話番号案内は、114 일일사、救急車は119 일일구、警察は112 일일이[일일리]です。
문의（問議）は問い合わせること、問い合わせ先は문의처と言います。

잡채를 만들려면 뭐가 필요해요? 고기하고 당면하고 야채 등이 필요해요.
チャプチェ（雑菜）を作るには何が必要ですか？　お肉とはるさめと野菜などが必要です。

잡채は子どもから大人まで誰もが好きな料理です。野菜야채はニンジン당근、タマネギ양파、ホウレン草시금치、シイタケ표고버섯などをよく使います。韓国料理は全部辛いわけではないですよ。

한국말을 잘하려면 어떻게 해야 합니까? 꾸준히 노력해야 합니다.
韓国語がうまくなるにはどうしたらよいですか？　こつこつ努力しなくてはなりません。

毎日少しずつ時間を見つけて常に韓国語を耳になじませましょう。

第27課　韓国語がうまくなるにはどうしたらよいですか

▶▶▶ 빨리 나으려면 푹 쉬어야 돼요.

▶▶▶ 호랑이를 잡으려면 호랑이 굴에 들어가야 합니다.

▶▶▶ 서울역에 가려면 어떻게 가야 합니까?

▶▶▶ 공연을 보려면 미리 예매를 하십시오.

▶▶▶ 전화번호를 알려면 114에 문의하십시오.

▶▶▶ 잡채를 만들려면 뭐가 필요해요?
　　 고기하고 당면하고 야채 등이 필요해요.

▶▶▶ 한국말을 잘하려면 어떻게 해야 합니까?
　　 꾸준히 노력해야 합니다.

第28課

一生懸命運動しているんですが、やせません
열심히 운동하는데 살이 안 빠져요

요가
조깅
테니스
수영
삼겹살…
떡볶이…

〈前置き、逆接、対立〉
～なんですが　–는 (은)、ㄴ데
AにBの話の前提となる前置きをする時に使われます。前置きの内容はさまざまで、「所用・対立・反転・時間・因果」などがあります。
Aの主語≠Bの主語

第28課　一生懸命運動しているんですが、やせません

一生懸命運動しているんですが、やせません。

傘を持って来たんですが、雨が降りません。

学校に行きましたが、休講でした。

昨日、たくさん寝ましたが、まだ眠たいです。

ねぎチヂミを注文しましたが、天ぷらを持って来ました。

お金はありませんが、時間はたくさんあります。

あの子は、顔はかわいいですが、性格はよくないです。

열심히 운동하는데 살이 안 빠져요.
一生懸命運動しているんですが、やせません。
살이 빠지다は「やせる」の意味ですが、直訳をすると「肉が落ちる」になります。否定する時は、안を빠지다の前に付けます。「やせられません」も、안 빠져요と言います。

우산을 가져 왔는데 비가 안 와요.
傘を持って来たんですが、雨が降りません。
「持って来る」は、가지고 오다、가져오다、갖고 오다どれを使ってもいいです。

학교에 갔는데 휴강이었어요.
学校に行きましたが、休講でした。
휴강（休講）、보강（補講）、대강（代講）、学校の休みは방학（放学）、会社の休みは휴가（休暇）です。休憩は휴식（休息）ですが休憩室は휴게실（休憩室）です。

어제 많이 잤는데 또 졸려요.
昨日、たくさん寝ましたが、まだ眠たいです。
「자다、잠을 자다＝寝る」、「졸다＝眠たくなる、眠たい」、「졸음 운전＝居眠り運転」。

파전을 시켰는데 튀김을 가져 왔어요.
ねぎチヂミを注文しましたが、天ぷらを持って来ました。
チヂミは慶尚道地方の方言で、標準語は부침개、전と言います。

돈은 없는데 시간은 많아요.
お金はありませんが、時間はたくさんあります。
시간은 돈이다.（時は金なり）。
時刻表は시간표（時間表）、学校の時間割も시간표です。

쟤는 얼굴은 예쁜데 성격이 안 좋아요.
あの子は、顔はかわいいですが、性格はよくないです。
쟤는 저아이の縮約形です。性格が悪いことを못됐어요とも言い、こちらもよく使われます。성격이 안 좋아요、못됐어요の反対表現は、성격이 좋아요、착해요です。

第 28 課　一生懸命運動しているんですが、やせません

▶▶▶ 열심히 운동하는데 살이 안 빠져요.

▶▶▶ 우산을 가져 왔는데 비가 안 와요.

▶▶▶ 학교에 갔는데 휴강이었어요.

▶▶▶ 어제 많이 잤는데 또 졸려요.

▶▶▶ 파전을 시켰는데 튀김을 가져 왔어요.

▶▶ 돈은 없는데 시간은 많아요.

▶▶ 쟤는 얼굴은 예쁜데 성격이 안 좋아요.

第29課

雪は降っていますが、暖かいです
눈은 오지만 날씨는 따뜻해요

〈逆接、対立〉
〜ですが、〜けど　 −지만

第29課　雪は降っていますが、暖かいです

文法は少しわかりますが、会話はよくできません。

人参茶はあまり飲みませんが、柚子茶はよく飲みます。

キムチチゲは辛いけど、味噌チゲは辛くありません。

雪は降っていますが、暖かいです。

私も行きたかったんですが、疲れて行けませんでした。

お腹が空いていましたが、時間がなくてご飯が食べられませんでした。

交通事故が起きましたが、ケガ人はいません。

> 문법은 좀 알지만 회화는 잘 못해요.
> 文法は少しわかりますが、会話はよくできません。

分かる、知るとも알다です。
会話が上手になるには、よく使われる文型や単語をたくさん覚えましょう。

> 인삼차는 별로 안 마시지만 유자차는 자주 마셔요.
> 人参茶はあまり飲みませんが、柚子茶はよく飲みます。

별로は「あまり」という意味で、後節は常に否定文がきます。
언제나、항상（いつも）＞자주（よく、しょっちゅう）＞때때로（時々）＞가끔（たまに）＞거의（ほとんど）＞전혀（全然）。

> 김치찌개는 맵지만 된장찌개는 안 매워요.
> キムチチゲは辛いけど、味噌チゲは辛くありません。

会社員が一番よく食べる昼食は된장찌개（味噌チゲ）、김치찌개（キムチチゲ）、순두부찌개（スンドゥブチゲ）です。

> 눈은 오지만 날씨는 따뜻해요.
> 雪は降ってますが、暖かいです。

날씨가 좋다「天気が良い」、날씨가 나쁘다「天気が悪い」の他、날씨가 따뜻하다 暖かい、춥다寒い、덥다暑い、시원하다涼しいなどにも날씨を付けます。

> 나도 가고 싶었지만 피곤해서 못 갔어요.
> 私も行きたかったんですが、疲れて行けませんでした。

「疲れてますか？」'피곤해요?'、「あ～、疲れた」'아, 피곤해'、「昨日は疲れませんでしたか？」'어제는 안 피곤했어요?'

> 배가 고팠지만 시간이 없어서 밥을 못 먹었어요.
> お腹が空いていましたが、時間がなくてご飯が食べられませんでした。

「～ができる／できない」の助詞は韓国語では을／를を使います。
'배 고파요'「お腹がすきました」、'배 불러요'「お腹がいっぱいです」。

> 교통사고가 났지만 다친 사람은 없어요.
> 交通事故が起きましたが、ケガ人はいません。

다치다（ケガをする、痛める）、상처가 나다（ケガをする、傷がつく）、다친 사람（ケガ人）、목발（松葉杖）、휠체어（車椅子）。

第29課　雪は降っていますが、暖かいです

>>> 문법은 좀 알지만 회화는 잘 못해요.

>>> 인삼차는 별로 안 마시지만 유자차는 자주 마셔요.

>>> 김치찌개는 맵지만 된장찌개는 안 매워요.

>>> 눈은 오지만 날씨는 따뜻해요.

>>> 나도 가고 싶었지만 피곤해서 못 갔어요.

>>> 배가 고팠지만 시간이 없어서 밥을 못 먹었어요.

>>> 교통사고가 났지만 다친 사람은 없어요.

第30課

映画を見たり音楽を聴いたりして気を紛らします
영화를 보거나 음악을 들으면서 기분을 달래요

〈選択、羅列〉
～したり　－거나
動詞・形容詞語幹・있다 / 없다の語幹＋거나

第30課　映画を見たり音楽を聴いたりして気を紛らします

私は趣味で将棋をしたり、囲碁をしたりします。

年末にクリスマスカードを書いたり、年賀状を書いたりします。

お金がなければ両親におこづかいをもらったり、姉に借りたりします。

休みの日は家で子どもたちと遊んだり、外で友達に会ったりします。

道が混むのでバスか地下鉄に乗りましょうか？

映画を見たり音楽を聴いたりして気を紛らします。

信じようが信じまいが、事実です。

나는 취미로 장기를 두거나 바둑을 둬요.
私は趣味で将棋をしたり、囲碁をしたりします。

「皆さんの趣味は何ですか？」'여러분은 취미가 뭐예요?'
韓国では週末ごとに登山に行く人が多いです。

연말에 크리스마스 카드를 쓰거나 연하장을 써요.
年末にクリスマスカードを書いたり、年賀状を書いたりします。

「メリークリスマス！」'메리 크리스마스！'
「明けましておめでとうございます」'새해 복 많이 받으세요.'

돈이 없으면 부모님한테 용돈을 타거나 언니한테 빌려요.
お金がなければ両親におこづかいをもらったり、姉に借りたりします。

용돈（おこづかい）、월급（月給）、보너스（ボーナス）、졸업장（卒業証書）、상（賞）。
賞を「もらう」意味では타다、받다両方使えます。

쉬는 날에는 집에서 아이들과 놀거나 밖에서 친구들을 만나요.
休みの日は家で子どもたちと遊んだり、外で友達に会ったりします。

韓国の３大名節（民族的な祝祭日）は설날（正月、陰暦１月１日）、추석（秋夕、陰暦８月15日）、단오（端午節、陰暦５月５日）です。

길이 막히니까 버스를 타거나 지하철을 탈까요?
道が混むのでバスか地下鉄に乗りましょうか？

韓国にはバス専用道路 '버스전용도로' があります。出退勤時間 '출퇴근시간' には一般車は入れません。

영화를 보거나 음악을 들으면서 기분을 달래요.
映画を見たり音楽を聴いたりして気を紛らします。

달래다には「紛らす、あやす、なだめる」などの意味があります。
우는 아이를 달래다（泣く子をあやす）。'화내는 친구를 달래느라 혼 났어요.'「怒っている友達をなだめるのに大変でした」。

믿거나 말거나 사실이에요.
信じようが信じまいが、事実です。

먹거나 말거나（食べようが食べまいが）、듣거나 말거나（聞こうが聞くまいが）のように –거나 말거나の形で使われます。

130

第30課　映画を見たり音楽を聴いたりして気を紛らします

▶▶▶ 나는 취미로 장기를 두거나 바둑을 둬요.

▶▶▶ 연말에 크리스마스 카드를 쓰거나 연하장을 써요.

▶▶▶ 돈이 없으면 부모님한테 용돈을 타거나 언니한테 빌려요.

▶▶▶ 쉬는 날에는 집에서 아이들과 놀거나 밖에서 친구들을 만나요.

▶▶▶ 길이 막히니까 버스를 타거나 지하철을 탈까요?

▶▶▶ 영화를 보거나 음악을 들으면서 기분을 달래요.

▶▶▶ 믿거나 말거나 사실이에요.

第31課

夫は寝言を言います
남편은 자면서 잠꼬대를 해요

〈同時進行、同時状態〉
～しながら　–(으) 면서

第31課　夫は寝言を言います

どこに行きましょうか？
行きながら決めましょう。

夫は寝言を言います。

歌を歌いながらアイロンをかけます。

学校に通いながら仕事をするつもりです。

毎日ポップソングを聴きながらジョギングをします。

二人はお互い好きなのに違うふりをします。

ウソをついたくせに、ついてないと言います。

> 어디 갈까요? 가면서 정해요.
> どこに行きましょうか？　行きながら決めましょう。

어디（どこ)、누구（誰)、무엇（何)、언제（いつ)、어떻게（どうやって)、왜（なぜ)、어느 것（どれ)、몇（数を尋ねる時)。

> 남편은 자면서 잠꼬대를 해요.
> 夫は寝言を言います。

잠옷（パジャマ)、잠꾸러기（寝坊助)、늦잠（朝寝坊)、낮잠（昼寝）と言います。

> 노래를 부르면서 다림질을 해요.
> 歌を歌いながらアイロンをかけます。

アイロンのことを다리미と言います。「アイロンがけをする」は다림질을 하다と言います。洗い物は설거지、洗濯は빨래と言います。

> 학교에 다니면서 일을 할 거예요.
> 学校に通いながら仕事をするつもりです。

일にはこと、用事、仕事などの意味があります。
'일이 있어서 잠깐 나가요.'「用事があってちょっと出かけます」。'무슨 일 있었어요?'「何かありましたか？」

> 매일 팝송을 들으면서 조깅을 합니다.
> 毎日ポップソングを聴きながらジョギングをします。

皆さんは健康管理（건강 관리）をどのようにしていらっしゃいますか？　韓国でも健康のことを考えて、웰빙（Well-being）に関心が高くなっています。웰빙 식품（-食品)、웰빙족（-族）などの新語も生まれました。

> 둘은 좋아하면서도 안 그런 척 해요.
> 二人はお互い好きなのに違うふりをします。

昔、韓国ではお嫁に行って못 본 척（見てないふり)、못 들은 척（聞いてないふり)、모르는 척（知らないふり）をすれば家族が円満にいくと言われました。

> 거짓말 했으면서 안 했다고 해요.
> ウソをついたくせに、ついてないと言います。

真っ赤なウソは새빨간 거짓말と言います。何食わぬ顔をしてウソをつくことを韓国では、'입에 침도 안 바르고 거짓말한다'「口に唾もつけずウソをつく」と言います。

第31課　夫は寝言を言います

어디 갈까요?
가면서 정해요.

남편은 자면서 잠꼬대를 해요.

노래를 부르면서 다림질을 해요.

학교에 다니면서 일을 할 거예요.

매일 팝송을 들으면서 조깅을 합니다.

둘은 좋아하면서도 안 그런 척 해요.

거짓말 했으면서 안 했다고 해요.

第32課

あまりに疲れていて横になったとたん眠りました
너무 피곤해서 눕자마자 잠들었어요

〈～や否や〉
～するとすぐ　-자마자
動詞語幹＋자마자

第32課　あまりに疲れていて横になったとたん眠りました

赤ちゃんが私を見たとたん泣きました。

公演が終わるや否や割れるような拍手が沸き起こりました。

携帯電話を買ってすぐ壊れました。

あまりに疲れていて横になったとたん眠りました。

12月に入ってすぐ寒くなりました。

空港についてすぐ両替をしました。

クリームを塗るとすぐに皮膚がしっとりしました。

아기가 나를 보자마자 울었어요.
赤ちゃんが私を見たとたん泣きました。

아기는 생まれて間もない赤ちゃんのことです。아이는 子どもの総称で、胎児も아이と言います。어린이는 小学生くらいの子どものことです。

공연이 끝나자마자 우레와 같은 박수가 터졌습니다.
公演が終わるや否や割れるような拍手が沸き起こりました。

拍手をするは박수를 치다と言います。いっせいに拍手が沸き起こる時は、박수가 터지다と言います。

핸드폰을 사자마자 고장 났어요.
携帯電話を買ってすぐ壊れました。

「故障する」は고장하다ではなく고장나다と言います。
韓国では휴대폰（携帯-Phone）より핸드폰（Hand-Phone）がよく使われます。

너무 피곤해서 눕자마자 잠들었어요.
あまりに疲れていて横になったとたん眠りました。

누워서 떡 먹기（朝飯前）、누워서 침 뱉기（空を仰いで唾を吐く／自分の顔につばする）。

12월에 들어서자마자 추워졌어요.
12月に入ってすぐ寒くなりました。

ある時期になる、入ることを들어서다と言います。12月には송년회（送年会）、망년회（忘年会）がありますし、연하장（年賀状）やコ리스마스 카드（クリスマスカード）を書いたりして忙しいですよね。

공항에 도착하자마자 환전을 했습니다.
空港についてすぐ両替をしました。

両替は환전（換銭）と言いますが、スーパーや銀行などでは'돈 좀 바꿔 주세요'「両替、お願いします」をよく使います。「円に両替してください」は'엔으로 바꿔 주세요'です。

크림을 바르자마자 피부가 촉촉해졌어요.
クリームを塗るとすぐに皮膚がしっとりしました。

스킨（化粧水）、로션（乳液）、립스틱（口紅）、선크림（日焼け止めクリーム）。

第32課　あまりに疲れていて横になったとたん眠りました

>>> 아기가 나를 보자마자 울었어요.

>>> 공연이 끝나자마자 우레와 같은 박수가 터졌습니다.

>>> 핸드폰을 사자마자 고장 났어요.

>>> 너무 피곤해서 눕자마자 잠들었어요.

>>> 12월에 들어서자마자 추워졌어요.

>>> 공항에 도착하자마자 환전을 했습니다.

>>> 크림을 바르자마자 피부가 촉촉해졌어요.

第33課

両親に会いたい時、電話をします
부모님이 보고 싶을 때 전화를 합니다

〜する時　-(으)ㄹ 때
「때＝時」につく時間連体形
「〜する時」「〜している時」「〜い時」「〜な時」

第33課　両親に会いたい時、電話をします

学校に来る時、何に乗って来ますか？

結婚する時、招待状を送ってください。

忙しい時、手伝ってあげます。

大変な時、連絡してください。

子供の時、夢は何でした？

両親に会いたい時、電話をします。

嬉しい時や、悲しい時、辛い時や、楽しい時、変わらぬ愛を誓いますか？

학교 올 때 뭐 타고 와요?
学校に来る時、何に乗って来ますか？

스키（スキー）、스케이트（スケート）、썰매（ソリ）、미끄럼（滑り台）、그네（ブランコ）などの놀이기구（遊具）も「타다＝乗る」を使います。

결혼할 때 청첩장 보내세요.
結婚する時、招待状を送ってください。

招待状は초대장（招待状）ですが、結婚式の招待状は청첩장（請牒状）と言います。その他、卒業証書は졸업장（卒業状）、督促状は독촉장と言います。すべて장は［짱］と発音します。

바쁠 때 도와 드릴게요.
忙しい時、手伝ってあげます。

–아/어 드리다は「～してさしあげる」の意味で、–아/어 주다「～してあげる」の謙譲語です。알려 드립니다は「お知らせいたします」、名詞の場合は名詞＋드립니다。감사 드립니다「感謝いたします」。연락드립니다「連絡いたします」。

어려울 때 연락하세요.
大変な時、連絡してください。

어렵다は難しい、大変だ、困難だの他にもいろいろな意味があります。생활이 어렵다は「生活が厳しい、苦しい、貧しい」という意味です。성격이 까다롭다は「気難しい」という意味です。

어렸을 때 꿈이 뭐였어요?
子供の時、夢は何でした？

「유치원 선생님（幼稚園の先生）、야구선수（野球選手）、간호사（看護婦さん）、현모양처（良妻賢母）」＋이/가 되고 싶었어요.（～になりたかったです）
皆さんの夢は何でしたか？　여러분의 꿈은 뭐였어요？

부모님이 보고 싶을 때 전화를 합니다.
両親に会いたい時、電話をします。

「出会う、出くわす、約束して会う」時は만나다を、それ以外は보다をよく使います。'친구를 만나서 백화점에 갔습니다'「友達に会って百貨店に行きました」。

기쁠 때나 슬플 때나 괴로울 때나 즐거울 때나 한결같이 사랑할 것을 맹세합니까?
嬉しい時や、悲しい時、辛い時や、楽しい時、変わらぬ愛を誓いますか？

건강할 때（健やかな時）、아플 때（病める時）、가난할 때（貧しい時）、부유할 때（裕福な時）。

第33課　両親に会いたい時、電話をします

>>> 학교 올 때 뭐 타고 와요?

>>> 결혼할 때 청첩장 보내세요.

>>> 바쁠 때 도와 드릴게요.

>>> 어려울 때 연락하세요.

>>> 어렸을 때 꿈이 뭐였어요?

>>> 부모님이 보고 싶을 때 전화를 합니다.

>>> 기쁠 때나 슬플 때나 괴로울 때나 즐거울 때나 한결같이 사랑할 것을 맹세합니까?

第34課

> この道をまっすぐ行って途中で左に曲がってください
> 이 길을 쭉 가다가 왼쪽으로 돌아가세요

～する途中で　-다가
「～していて」「しているうちに」「している時に」「していたが」
Aが展開している間にBに遭遇し、しまいにはBに移行することを表す。

～してから　-았/었/였다가
「～して～（した）」「～したが～（した）」
Aが展開した結果、Bに遭遇し、Bになってしまったことを表す。

第34課　この道をまっすぐ行って途中で左に曲がってください

郵便局に行く途中、友達に会いました。
郵便局に行ったら、友達に会いました。

この道をまっすぐ行って途中で左に曲がってください。

雨が降っていたけど、途中で止みました。

急いで食べていて、胃がもたれました。

お客様がいらっしゃいましたが、お帰りになりました。

手紙を書いてから破りました。

電子辞書をなくしましたが、見つかりました。

우체국에 가다가 친구를 만났어요. 우체국에 갔다가 친구를 만났어요.
郵便局に行く途中、友達に会いました。郵便局に行ったら、友達に会いました。

가다가는 郵便局に向かっている途中に友達に会ったという意味ですが、갔다가は郵便局にいったん着いてその郵便局でか、もしくは他で友達に会ったという意味です。

이 길을 쭉 가다가 왼쪽으로 돌아가세요.
この道をまっすぐ行って途中で左に曲がってください。

횡단보도（横断歩道）、건너다（渡る）、계단（階段）、내려가다（下りる）、올라가다（上がる）、사거리（交差点）、건너편（向こう側）、골목（路地）。

비가 오다가 그쳤어요.
雨が降っていたけど、途中で止みました。

天気予報は일기예보と言います。맑음（晴れ）、흐림（曇り）、맑은 후 흐림（晴れのち曇り）、흐린 후 때때로 비（曇りのち一時雨）と言います。

급히 먹다가 체했어요.
急いで食べていて、胃がもたれました。

체하다（滞-）は消化不良、食もたれのことを言います。韓国では食もたれの時、엄지 손가락（親指）に실（糸）をまいて、바늘（針）の先でつついて少し血を出す民間療法があります。

손님이 오셨다가 가셨어요.
お客様がいらっしゃいましたが、お帰りになりました。

お客を表すには손（客）の尊敬語の손님（客様）を用います。常連客、馴染の客は단골손님と言います。

편지를 썼다가 찢었어요.
手紙を書いてから破りました。

우체국（郵便局）、우체통（郵便ポスト）、편지지（便箋）、봉투（封筒）、우표（切手）、편지（手紙）、엽서（ハガキ）、소포（小包）、택배（宅配）、항공편（航空便）、선박편（船便）。

전자사전을 잃어버렸다가 찾았어요.
電子辞書をなくしましたが、見つかりました。

잃다は「落とす、なくす、失う」という意味です。よく間違われる잊다は「忘れる」という意味です。지갑을 잃어버렸다（財布を落とした）、지갑을 잊어버렸다（財布を忘れた）。

第34課　この道をまっすぐ行って途中で左に曲がってください

▶▶▶ 우체국에 가다가 친구를 만났어요.
우체국에 갔다가 친구를 만났어요.

▶▶▶ 이 길을 쭉 가다가 왼쪽으로 돌아가세요.

▶▶▶ 비가 오다가 그쳤어요.

▶▶▶ 급히 먹다가 체했어요.

▶▶▶ 손님이 오셨다가 가셨어요.

▶▶▶ 편지를 썼다가 찢었어요.

▶▶▶ 전자사전을 잃어버렸다가 찾았어요.

第35課

一晩中泣いていると思ったら、目がパンパンに腫れたね
밤새 울더니 눈이 퉁퉁 부었네

〜したかと思ったら　–더니
'–더니'「〜なと思っていたら」
他人（第３者）の行動・状態Ａを見守っていたら、その結果によるＢの出来事を発見したという意味。

〜したら　–았 / 었 / 였더니
'–았 / 었 / 였더니'「〜たら」自分（話し手）がある行動Ａを起こしてみたらその結果としてＢを発見することができたという意味。

第35課　一晩中泣いていると思ったら、目がパンパンに腫れたね

コンピューターをずっと使ってると思ったら、目が悪くなったのね。

一晩中泣いていると思ったら、目がパンパンに腫れたね。

昨日は寒かったけど、今日は暖かいですね。

朝食を食べなかったら、お腹が空きました。

昨日、お酒をたくさん飲みすぎたので、頭が痛いです。

孫が遊びに行ったら、おじいさんがとても喜びました。

タバコを止めたら、健康になりました。

컴퓨터를 많이 쓰더니 눈이 나빠졌구나.
コンピューターをずっと使ってると思ったら、目が悪くなったのね。

키보드（キーボード）、마우스（マウス）、노트북（ノートパソコン）、PC 방〔インターネット カフェ〕（インターネットカフェ）。

밤새 울더니 눈이 퉁퉁 부었네.
一晩中泣いていると思ったら、目がパンパンに腫れたね。

目の周りのまつげが出るところを눈시울と言います。ちなみに「もらい泣き」は韓国語で따라서 울다と言います。
'따라서 울어버렸어요'「もらい泣きしちゃいました」。

어제는 춥더니 오늘은 따뜻하네요.
昨日は寒かったけど、今日は暖かいですね。

시원하다（涼しい）。天気や熱いスープを飲んだ時、お風呂に入った時など、幅広く使われます。선선하다は涼しい秋口に、쌀쌀하다は肌寒い時に使いましょう。

아침을 안 먹었더니 배가 고파요.
朝食を食べなかったら、お腹が空きました。

밥을 굶다〔식사를 거르다〕は、食事をぬくことを言います。
「お腹がグーグー鳴ります」は、배가 꼬르륵 거려요と言います。

어제 술을 너무 많이 마셨더니 머리가 아파요.
昨日、お酒をたくさん飲みすぎたので、頭が痛いです。

「二日酔いです」は、어제 술을 너무 많이 마셨어요と表現します。
숙취（二日酔い）예요とは言いません。

손자가 놀러 갔더니 할아버지가 너무 좋아하셨어요.
孫が遊びに行ったら、おじいさんがとても喜びました。

父方のおじいさんは할아버지、おばあさんは할머니ですが、母方のおじいさんは외할아버지、おばあさんは외할머니と言います。

담배를 끊었더니 건강해졌어요.
タバコを止めたら、健康になりました。

-아／어지다は「～く／になる」の意味です。「タバコを止めたら太りました」と言いたい時の「太る」は뚱뚱하다なので뚱뚱해졌어요、または살(이) 찌다の過去形を使い살(이) 쪘어요と言います。

150

第35課　一晩中泣いていると思ったら、目がパンパンに腫れたね

>> 컴퓨터를 많이 쓰더니 눈이 나빠졌구나.

>> 밤새 울더니 눈이 퉁퉁 부었네.

>> 어제는 춥더니 오늘은 따뜻하네요.

>> 아침을 안 먹었더니 배가 고파요.

>> 어제 술을 너무 많이 마셨더니 머리가 아파요.

>> 손자가 놀러 갔더니 할아버지가 너무 좋아하셨어요.

>> 담배를 끊었더니 건강해졌어요.

チェックリスト

第1課 CD-36

- [ ] こんにちは。　　　　　　　　　　　안녕하세요?
- [ ] はじめまして。　　　　　　　　　　처음 뵙겠습니다.
- [ ] 山田と申します。　　　　　　　　　야마다라고 합니다.
- [ ] よろしくお願いいたします。　　　　잘 부탁드리겠습니다.
- [ ] ようこそいらっしゃいました。　　　어서 오세요. 잘 오셨어요.
- [ ] どうぞお入りください。　　　　　　얼른 들어오세요.
- [ ] これつまらないものですが、どうぞ　이거 별거 아니지만, 받으세요.
  お受け取りください。

第2課 CD-37

- [ ] 気を使っていただいてすみません。　뭘 이런 걸 다 가져 오셨어요.
- [ ] ありがとうございます。　　　　　　고맙습니다.
- [ ] この部屋を使ってください。　　　　이 방을 쓰세요.
- [ ] ここが居間で、あそこが台所です。　여기가 거실이고, 저기가 부엌이에요.
- [ ] トイレはどこですか？　　　　　　　화장실이 어디예요?
- [ ] トイレは部屋の横にありますよ。　　화장실은 방 옆에 있어요.
- [ ] 楽に過ごしてください。　　　　　　편하게 지내세요.

第3課 CD-38

- [ ] 山田さん、お食事どうぞ。　　　　　야마다 씨, 식사하세요.
- [ ] お口に合うかどうか分からないですが。　입에 맞을지 모르겠네요.
- [ ] 十分ではありませんが、たくさん召　차린 건 없지만 많이 드세요.
  し上がってください。

152

- [ ] いただきます。　　　　　　　　　잘 먹겠습니다.
- [ ] キムチ辛いでしょう？　　　　　　김치 맵지요?
- [ ] 辛いけどおいしいです。　　　　　맵지만 맛있어요.
- [ ] 辛い物が好きです。　　　　　　　매운 거 좋아해요.

第4課　CD-39

- [ ] もっと召し上がってください。　　더 드세요.
- [ ] いいえ、もうたくさんいただきました。　아니요, 많이 먹었어요.
- [ ] ご馳走様でした。　　　　　　　　잘 먹었습니다.
- [ ] 洗い物お手伝いしましょうか？　　설거지 도와 드릴까요?
- [ ] 大丈夫です。休んでください。　　괜찮아요. 쉬세요.
- [ ] コーヒー飲みましょうか？　あら、砂糖がないわ。　우리 커피 마실까요? 어머, 설탕이 없네.
- [ ] 私が買って来ます。　　　　　　　제가 사 올게요.

第5課　CD-40

- [ ] すみませんが、お願いします。　　미안하지만, 부탁해요.
- [ ] では、行ってきます。　　　　　　그럼, 다녀오겠습니다.
- [ ] 気をつけて行ってらっしゃい。　　조심해서 다녀오세요.
- [ ] ただいま。　　　　　　　　　　　다녀왔습니다.
- [ ] ご苦労さまでした。ありがとう。　수고하셨어요. 고마워요.
- [ ] コーヒー、もう一杯いかがですか？　커피 더 드릴까요?
- [ ] ええ、もう一杯下さい。　　　　　네, 더 주세요.

第6課　CD-41

- [ ] お休みなさい。　　　　　　　　　안녕히 주무세요.
- [ ] はい、お休みなさい。　　　　　　네, 잘 자요.

- [ ] おはようございます。（よく眠れましたか？） 　　　안녕히 주무셨어요?
- [ ] はい、よく眠れましたよ。 　　　네, 잘 잤어요.
- [ ] お顔を洗って朝食を召し上がって下さい。 　　　세수 하시고 아침 드세요.
- [ ] 目玉焼き、どのようにお焼きしましょうか？ 　　　계란 후라이 어떻게 해 드릴까요?
- [ ] 半熟にしてください。 　　　반숙으로 해 주세요.

第7課　CD-42

- [ ] 学校に行って来ます。 　　　저 학교 다녀올게요.
- [ ] あら、もう出かける時間ですか？ 　　　아, 벌써 학교 갈 시간이에요?
- [ ] 今日のスケジュールはどうですか？ 　　　오늘 스케줄이 어떻게 돼요?
- [ ] 9時から1時まで授業があります。 　　　9시부터 1시까지 수업이 있어요.
- [ ] そして、学校が終わってから近所の美容室に行くつもりです。 　　　그리고 학교 끝나고 근처 미용실에 갈 거예요.
- [ ] 6時くらいに帰ります。 　　　6시쯤 집에 올 거예요.
- [ ] どんなヘアスタイルになるか、楽しみね。気をつけて行ってらっしゃい。 　　　어떤 헤어스타일일지 기대돼요. 잘 다녀오세요.

第8課　CD-43

- [ ] 今日、学校はどうでしたか？ 　　　오늘 학교 어땠어요?
- [ ] 大変でしたけど、楽しかったです。 　　　힘들었지만, 재미있었어요.
- [ ] お昼は何を食べましたか？ 　　　점심때 무엇을 먹었어요?
- [ ] 食堂で友達とビビンバを食べました。 　　　식당에서 친구와 비빔밥을 먹었어요.
- [ ] 安くておいしかったです。 　　　싸고 맛있었어요.
- [ ] 美容室に行って髪を切りました。どうですか？ 　　　미용실에 가서 머리를 잘랐어요. 어때요?

- [ ] よく似合うわよ。　　　　　　　　잘 어울려요.

第9課 CD-44

- [ ] おかげさまで楽しかったです。　　덕분에 재미있었습니다.
- [ ] いろいろとお世話になりました。　여러모로 신세를 많이 졌습니다.
- [ ] 本当にありがとうございます。　　정말 감사합니다.
- [ ] また遊びに来てください。　　　　또 놀러 오세요.
- [ ] さようなら。お元気で。　　　　　안녕히 계세요.
- [ ] さようなら。お気をつけて。　　　안녕히 가세요.

第10課 CD-45

- [ ] 韓国語ができますか？　　　　　　한국말 할 줄 알아요?
  はい、少しできます。　　　　　　네, 조금 할 줄 알아요.
- [ ] 韓国料理を作れますか？　　　　　한국 음식 만들 줄 알아요?
  作れません。　　　　　　　　　　못 만들어요.
- [ ] 生け花ができますか？　　　　　　꽃꽂이 할 줄 아세요?
  はい、生け花をしたことあります。네, 꽃꽂이 해 본 적이 있어요.
- [ ] ハングルをワードで打てますか？　한글 워드 칠 수 있어요?
  できません。　　　　　　　　　　못 쳐요.
- [ ] 文化商品券で映画も見ることができますよ。　문화 상품권으로 영화도 볼 수 있어요.
- [ ] 運転はできませんか？　　　　　　운전 못 해요?
  いいえ、できます。　　　　　　　아니요, 할 줄 알아요.
- [ ] 私もそうするしかありませんでした。　저도 그렇게 할 수 밖에 없었습니다.

第11課 CD-46

- [ ] 学校に向かっています。　　　　　학교에 오고 있어요.
  学校に来ています。　　　　　　　학교에 와 있어요.
- [ ] 先に行ってください。　　　　　　먼저 가고 계세요.
  先に行っていてください。　　　　먼저 가 계세요.

- [ ] 椅子に座りつつあります。　　　　　의자에 앉고 있어요.
      椅子に座っています。　　　　　　의자에 앉아 있어요.
- [ ] 黒板に書いています。　　　　　　칠판에 쓰고 있어요.
      黒板に書いてあります。　　　　　칠판에 써 있어요.
- [ ] 人々を集めています。　　　　　　사람들을 모으고 있어요.
      人々が集まっています。　　　　　사람들이 모여 있어요.
- [ ] 窓を開けています。　　　　　　　창문을 열고 있어요.
      窓が開いています。　　　　　　　창문이 열려 있어요.
- [ ] カレンダーを壁にかけています。　달력을 벽에 걸고 있어요.
      カレンダーが壁にかけてあります。달력이 벽에 걸려 있어요.

第12課　CD-47

- [ ] 7時前までに授業に来なければなりません。　　7시전까지 수업에 오셔야 돼요.
- [ ] ここ座ってもいいですか？　　　　여기 앉아도 돼요?
      申し訳ないですが、人が来ます。　죄송하지만, 자리가 있어요.
- [ ] トイレ行ってもいいですか？　　　화장실 가도 돼요?
      今は駄目です。休みの時間に行かなくてはなりません。　지금은 안돼요. 쉬는 시간에 가셔야 돼요.
- [ ] 本は声を出して読まなければなりません。　책은 소리를 내서 읽어야 해요.
- [ ] 締め切りを守らなければなりません。　마감날을 지켜야 돼요.
- [ ] 行けなくなったので、予約をキャンセルしなければなりません。　못 가게 돼서 예약을 취소하지 않으면 안돼요.
- [ ] お急ぎでしたら先に行ってもいいですよ。　급하면 먼저 가셔도 돼요.

第13課　CD-48

- [ ] 一度韓国に行ってみたいです。　　한국에 한번 가 보고 싶어요.
- [ ] 韓国語が上手になりたいです。　　한국말을 잘하고 싶어요.
- [ ] 電子辞書がほしいです。　　　　　전자사전을 갖고 싶어요.

- ☐ 友達も韓国語を習いたがっています。　　친구도 한국말을 배우고 싶어해요.
- ☐ 韓国人の友達ができたらいいです。　　한국 친구가 생겼으면 좋겠어요.
- ☐ ゆっくり説明してほしいです。　　천천히 설명해 주었으면 좋겠어요.
- ☐ 二度とミスしたくないです。　　두번 다시 실수 하고 싶지 않아요.

第14課　CD-49

- ☐ 明日何をするつもりですか？　　내일 뭐 할 거예요?
  明日は友だちに会うつもりです。　　내일은 친구를 만날 거예요.
- ☐ 週末には大掃除をするつもりです。　　주말에는 대청소를 할 생각이에요.
- ☐ ひと月に１冊ずつ本を読むつもりです。　　한 달에 한 권씩 책을 읽을 거예요.
- ☐ 今日夕ご飯にカレーライスを作るつもりです。　　오늘 저녁에 카레라이스를 만들 거예요.
- ☐ 今年は韓国語能力試験を受けるつもりです。　　올해는 한국어능력시험을 보려고 해요.
- ☐ 転職しようと思います。　　직장을 옮기려고 해요.
- ☐ 何になさいますか？　　뭘로 하시겠어요?
  私はコーヒーにします。　　저는 커피로 하겠어요.

第15課　CD-50

- ☐ 慶福宮に行ったことがあります。　　경복궁에 가 본 적이 있어요.
- ☐ トッポッキを食べたことがありますか？　　떡볶이 먹어 본 적 있어요?
  いいえ、ありません。　　아니요, 없어요.
- ☐ キムチを作ったことがありますか？　　김치 담가 본 적 있어요?
- ☐ ファックスを使ったことがありますか？　　팩스 써 본 적 있어요?
  いいえ、一度もありません。　　아니요, 한번도 없어요.

- ☐ 人前で一度も泣いたことがありません。　　　남 앞에서 한번도 운 적이 없어요.
- ☐ 就職したことがありません。　　　취직한 적이 없어요.
- ☐ 韓国で困ったことはありませんでしたか？　　　한국에서 곤란한 적은 없었어요?

第16課　CD-51

- ☐ ここにおかけ下さい。　　　여기 앉으세요.
- ☐ 舎堂駅で２号線に乗り換えてください。　　　사당역에서 2호선으로 갈아타세요.
- ☐ こちらの方にいらしてください。　　　이쪽으로 오세요.
- ☐ ここに住所と名前を書いてください。　　　여기에 주소와 이름을 쓰세요.
- ☐ わからないことがあれば尋ねてください。　　　모르는 것이 있으면 물어 보세요.
- ☐ がんばってください。　　　많이 파세요. 수고하세요.
- ☐ 交通規則を守ってください。　　　교통규칙을 지키십시오.

第17課　CD-52

- ☐ 道をちょっと教えてください。　　　길 좀 가르쳐 주세요.
- ☐ ゆっくりおっしゃってください。　　　천천히 말씀해 주세요.
- ☐ コーヒーをいれてください。　　　커피 타 주세요.
- ☐ 少々お待ちください。　　　잠깐만 기다려 주세요.
- ☐ ロッテホテルまでお願いします。　　　롯데 호텔까지 가 주세요.
- ☐ ちょっとまけてください。　　　좀 깎아 주세요.
- ☐ お勘定をお願いします。　　　계산해 주세요.

第18課　CD-53

- ☐ 教室には主婦もいて、会社員もいます。　　　교실에는 주부도 있고, 회사원도 있습니다.

- ☐ 私はコーヒーを頼み、友達は紅茶を頼みました。　　나는 커피를 시키고, 친구는 홍차를 시켰습니다.
- ☐ 試験に私は受かり、友達は落ちました。　　시험에 나는 붙고 친구는 떨어졌습니다.
- ☐ 私の妹は優しくてきれいです。　　내 동생은 착하고 예뻐요.
- ☐ 週末は友達にも会い、図書館にも行きます。　　주말에는 친구도 만나고 도서관에도 가요.
- ☐ 女子高生時代は夢も多く、悩みも多かったです。　　여고 시절에는 꿈도 많고 고민도 많았습니다.
- ☐ 初めて韓国語を習った時は発音も難しく、文法も難しかったです。　　처음 한국어를 배웠을 때는 발음도 어려웠고, 문법도 어려웠어요.

第19課　CD-54

- ☐ よく聞いて答えてください。　　잘 듣고 대답하세요.
- ☐ 手を洗ってご飯を食べます。　　손을 씻고 밥을 먹습니다.
- ☐ 毎日、日記を書いて寝ます。　　매일 일기를 쓰고 잡니다.
- ☐ ご飯を食べて歯を磨きます。　　밥을 먹고 이를 닦습니다.
- ☐ 本を読んで感想文を書きました。　　책을 읽고 독후감을 썼습니다.
- ☐ 授業が終わってから、一杯飲みましょう。　　수업 끝나고 한잔 합시다.
- ☐ 前もって連絡して行きます。　　먼저 연락하고 가겠습니다.

第20課　CD-55

- ☐ 地下鉄に乗る前にチケットを買ってください。　　지하철을 타기 전에 표를 사세요.
  切符を買った後、地下鉄に乗ってください。　　표를 산 후에 지하철을 타세요.
- ☐ 海外旅行に行く前にパスポートを作ります。　　해외 여행 가기 전에 여권을 만듭니다.
  パスポートを作った後、海外旅行に行きます。　　여권을 만든 후에 해외 여행을 갑니다.

- [ ] 薬を飲む前にご飯を食べなければなりません。　　　약을 먹기 전에 밥을 먹어야 합니다.
  ご飯を食べた後、薬を飲まなければなりません。　　　밥을 먹은 후에 약을 먹어야 합니다.
- [ ] 水に入る前に準備運動をしてください。　　　물에 들어가기 전에 준비운동을 하세요.
  準備運動をした後、水に入ってください。　　　준비운동을 한 후에 물에 들어 가세요.
- [ ] 寝る前に戸締りをします。　　　자기 전에 문단속을 합니다.
  戸締りをした後、寝ます。　　　문단속을 한 후에 잡니다.
- [ ] 授業の前に予習をします。　　　수업 전에 예습을 합니다.
  授業の後で復習をします。　　　수업 후에 복습을 합니다.
- [ ] 試験を受ける前に勉強をします。　　　시험을 보기 전에 공부를 합니다.
  勉強をした後、試験を受けます。　　　공부를 한 후에 시험을 봅니다.

第21課　CD-56

- [ ] 風邪をひかないでください。　　　감기 들지 마세요.
- [ ] 約束を忘れないでください。　　　약속 잊지 마세요.
- [ ] お隣の人と騒がないでください。　　　옆 사람하고 떠들지 마세요.
- [ ] 授業中にガムを噛まないでください。　　　수업중에 껌 씹지 마세요.
- [ ] 日本語で話さないで韓国語で話してください。　　　일본어로 하지 말고 한국말로 하세요.
- [ ] 本を見ないで先生を見て話してください。　　　책 보지 말고 선생님 보고 말하세요.
- [ ] 作文はボールペンではなくて鉛筆で書いてください。　　　작문은 볼펜말고 연필로 쓰세요.

第22課　CD-57

- [ ] 授業を始めましょう。　　　수업 시작합시다.
- [ ] 他の所に行ってみましょう。　　　다른 데 가 봅시다.

- ☐ 人のことに口出ししないようにしましょう。　　　남의 일에 참견하지 맙시다.
- ☐ 韓国に旅行に行ったら積極的に話しかけましょう。　　한국 여행 가면 적극적으로 말을 겁시다.
- ☐ 返事はすぐ出しましょう。　　답장은 바로 바로 쓰도록 합시다.
- ☐ なるべく使い捨ては使わないようにしましょう。　　되도록이면 일회용품은 쓰지 않도록 합시다.
- ☐ お祭が開かれるのですが、一緒に見物に行きましょう。　　축제가 열리는 데 같이 구경하러 가요.

第23課　CD-58

- ☐ まあ、おいしそう。　　와! 맛있겠다.
- ☐ 気候が暖かくて今年は桜が早く咲きそうです。　　날씨가 따뜻해서 올해는 벚꽃이 빨리 피겠어요.
- ☐ 朝出発したので今頃到着したでしょう。　　아침에 출발했으니까 지금 쯤 도착했겠지요.
- ☐ 空腹にまずいものなしと言うのでお腹がすけば食べるでしょう。　　시장이 반찬이라고 배 고프면 먹겠지요.
- ☐ 反省したのでこれからはうまくやるでしょう。　　반성했으니까 앞으로 잘할 거예요.
- ☐ 旧暦の１月15日、満月にお願いをすると必ずかなうでしょう。　　정월 대보름날 달을 보며 소원을 빌면 꼭 이뤄질 거예요.
- ☐ 今一生懸命勉強すれば合格できるでしょう。　　지금 열심히 공부하면 합격할 수 있을 거예요.

第24課　CD-59

- ☐ 久しぶりに友達に会ってうれしかったです。　　오랜만에 친구를 만나서 반가웠어요.
- ☐ KTXは高いので乗りません。　　KTX는 비싸서 안 탑니다.
- ☐ 家にコンピューターがなくて職場からＥメールを送りました。　　집에 컴퓨터가 없어서 직장에서 이메일을 보냈어요.

- ☐ 車に長い時間乗って乗り物酔いしました。　　　　　　　　　　　　　　　차를 오래 타서 멀미가 났어요.
- ☐ 見たくてたまりません。　　　　　　　　보고 싶어서 못 참겠어요.
- ☐ 人参茶はあまりに苦くて飲めません。　　　　　　　　　　　　　　　인삼차는 너무 써서 못 마셔요.
- ☐ 末っ子なのでお下がりばかり着て育ちました。　　　　　　　　　　　　막내라서 헌 옷만 입고 자랐어요.

第25課 CD-60

- ☐ 私たちは同い年なので、敬語を使わないで付き合いましょう。　　　　우리는 동갑이니까 말 트고 지냅시다.
- ☐ 雪がとてもたくさん降るから、車を置いて出かけなさい。　　　　　　눈이 너무 많이 오니까 차 놓고 나가라.
- ☐ 午後、雨が降るようなので傘を持って行ってください。　　　　　　　오후에 비가 올 테니까 우산을 가지고 가세요.
- ☐ せっかくここまでいらっしゃったのですから、家に寄って行ってください。　　　　　　　　　　　　　모처럼 여기까지 오셨으니까 우리 집에 들렀다 가세요.
- ☐ 私は悲しい映画は嫌いなので、他の映画見ませんか？　　　　　　　저는 슬픈 영화는 싫으니까 다른 영화 안 볼래요?
- ☐ しっかり休んだので、もう大丈夫です。　　　　　　　　　　　　　푹 쉬었기 때문에 이제 괜찮아요.
- ☐ 道が凍ってうっかりすると滑るので、気をつけなくてはいけませんよ。　　　　　　　　　　　　길이 얼어서 잘못하면 미끄러지기 때문에 조심해야 돼요.

第26課 CD-61

- ☐ 来られなくなったら前もって連絡してください。　　　　　　　　　　못 오게 되면 미리 연락하세요.
- ☐ 寒ければ暖房をつけてください。　　　　추우면 난방을 트세요.
- ☐ 電話を下さればすぐ出かけます。　　　　전화를 주시면 바로 나가겠습니다.
- ☐ 時間があればいつか食事でもしましょうか？　　　　　　　　　　　시간 있으면 언제 식사나 같이 할까요?

- [ ] ストレスがたまったらどのように解消しますか？
カラオケに行って思い切り歌を歌います。

스트레스가 쌓이면 어떻게 풀어요?
노래방에 가서 실컷 노래를 불러요.

- [ ] 宝くじに当たったらどうするつもりですか？
貯金するつもりです。

복권에 당첨되면 어떻게 할 거예요?
저금할 거예요.

- [ ] とても具合が悪かったら病院に行ってください。

많이 아프면 병원에 가 보세요.

第27課 CD-62

- [ ] 早く良くなるにはしっかり休まなくてはなりません。

빨리 나으려면 푹 쉬어야 돼요.

- [ ] 虎を捕まえるには虎の洞窟に入らなくてはなりません。

호랑이를 잡으려면 호랑이 굴에 들어가야 합니다.

- [ ] ソウル駅に行くにはどうやって行けばいいですか？

서울역에 가려면 어떻게 가야 합니까?

- [ ] 公演を見るにはあらかじめ予約してください。

공연을 보려면 미리 예매를 하십시오.

- [ ] 電話番号を知るには114に尋ねてください。

전화번호를 알려면 114에 문의하십시오.

- [ ] チャプチェ（雑菜）を作るには何が必要ですか？
お肉とはるさめと野菜などが必要です。

잡채를 만들려면 뭐가 필요해요?
고기하고 당면하고 야채 등이 필요해요.

- [ ] 韓国語がうまくなるにはどうしたらよいですか？
こつこつ努力しなくてはなりません。

한국말을 잘하려면 어떻게 해야 합니까?
꾸준히 노력해야 합니다.

第28課 CD-63

- [ ] 一生懸命運動しているんですが、やせません。

열심히 운동하는데 살이 안 빠져요.

- ☐ 傘を持って来たんですが、雨が降りません。　　우산을 가져 왔는데 비가 안 와요.
- ☐ 学校に行きましたが、休講でした。　　학교에 갔는데 휴강이었어요.
- ☐ 昨日、たくさん寝ましたが、まだ眠たいです。　　어제 많이 잤는데 또 졸려요.
- ☐ ねぎチヂミを注文しましたが、天ぷらを持って来ました。　　파전을 시켰는데 튀김을 가져 왔어요.
- ☐ お金はありませんが、時間はたくさんあります。　　돈은 없는데 시간은 많아요.
- ☐ あの子は、顔はかわいいですが、性格はよくないです。　　쟤는 얼굴은 예쁜데 성격이 안 좋아요.

第29課　CD-64

- ☐ 文法は少しわかりますが、会話はよくできません。　　문법은 좀 알지만 회화는 잘 못해요.
- ☐ 人参茶はあまり飲みませんが、柚子茶はよく飲みます。　　인삼차는 별로 안 마시지만 유자차는 자주 마셔요.
- ☐ キムチチゲは辛いけど、味噌チゲは辛くありません。　　김치찌개는 맵지만 된장찌개는 안 매워요.
- ☐ 雪は降っていますが、暖かいです。　　눈은 오지만 날씨는 따뜻해요.
- ☐ 私も行きたかったんですが、疲れて行けませんでした。　　나도 가고 싶었지만 피곤해서 못 갔어요.
- ☐ お腹が空いていましたが、時間がなくてご飯が食べられませんでした。　　배가 고팠지만 시간이 없어서 밥을 못 먹었어요.
- ☐ 交通事故が起きましたが、ケガ人はいません。　　교통사고가 났지만 다친 사람은 없어요.

第30課　CD-65

- ☐ 私は趣味で将棋をしたり、囲碁をしたりします。　　나는 취미로 장기를 두거나 바둑을 둬요.
- ☐ 年末にクリスマスカードを書いたり、年賀状を書いたりします。　　연말에 크리스마스 카드를 쓰거나 연하장을 써요.

- [ ] お金がなければ両親におこづかいをもらったり、姉に借りたりします。 　　돈이 없으면 부모님한테 용돈을 타거나 언니한테 빌려요.
- [ ] 休みの日は家で子どもたちと遊んだり、外で友達に会ったりします。 　　쉬는 날에는 집에서 아이들과 놀거나 밖에서 친구들을 만나요.
- [ ] 道が混むのでバスか地下鉄に乗りましょうか？ 　　길이 막히니까 버스를 타거나 지하철을 탈까요?
- [ ] 映画を見たり音楽を聴いたりして気を紛らします。 　　영화를 보거나 음악을 들으면서 기분을 달래요.
- [ ] 信じようが信じまいが、事実です。 　　믿거나 말거나 사실이에요.

第31課 CD-66

- [ ] どこに行きましょうか？
  行きながら決めましょう。 　　어디 갈까요? 가면서 정해요.
- [ ] 夫は寝言を言います。 　　남편은 자면서 잠꼬대를 해요.
- [ ] 歌を歌いながらアイロンをかけます。 　　노래를 부르면서 다림질을 해요.
- [ ] 学校に通いながら仕事をするつもりです。 　　학교에 다니면서 일을 할 거예요.
- [ ] 毎日ポップソングを聴きながらジョギングをします。 　　매일 팝송을 들으면서 조깅을 합니다.
- [ ] 二人はお互い好きなのに違うふりをします。 　　둘은 좋아하면서도 안 그런 척 해요.
- [ ] ウソをついたくせに、ついてないと言います。 　　거짓말 했으면서 안 했다고 해요.

第32課 CD-67

- [ ] 赤ちゃんが私を見たとたん泣きました。 　　아기가 나를 보자마자 울었어요.
- [ ] 公演が終わるや否や割れるような拍手が沸き起こりました。 　　공연이 끝나자마자 우레와 같은 박수가 터졌습니다.
- [ ] 携帯電話を買ってすぐ壊れました。 　　핸드폰을 사자마자 고장 났어요.

☐ あまりに疲れていて横になったとたん眠りました。	너무 피곤해서 눕자마자 잠들었어요.
☐ 12月に入ってすぐ寒くなりました。	12월에 들어서자마자 추워졌어요.
☐ 空港についてすぐ両替をしました。	공항에 도착하자마자 환전을 했습니다.
☐ クリームを塗るとすぐに皮膚がしっとりしました。	크림을 바르자마자 피부가 촉촉해졌어요.

第33課　CD-68

☐ 学校に来る時、何に乗って来ますか？	학교 올 때 뭐 타고 와요?
☐ 結婚する時、招待状を送ってください。	결혼할 때 청첩장 보내세요.
☐ 忙しい時、手伝ってあげます。	바쁠 때 도와 드릴게요.
☐ 大変な時、連絡してください。	어려울 때 연락하세요.
☐ 子供の時、夢は何でした？	어렸을 때 꿈이 뭐였어요?
☐ 両親に会いたい時、電話をします。	부모님이 보고 싶을 때 전화를 합니다.
☐ 嬉しい時や、悲しい時、辛い時や、楽しい時、変わらぬ愛を誓いますか？	기쁠 때나 슬플 때나 괴로울 때나 즐거울 때나 한결같이 사랑할 것을 맹세합니까?

第34課　CD-69

☐ 郵便局に行く途中、友達に会いました。	우체국에 가다가 친구를 만났어요.
郵便局に行ったら、友達に会いました。	우체국에 갔다가 친구를 만났어요.
☐ この道をまっすぐ行って途中で左に曲がってください。	이 길을 쭉 가다가 왼쪽으로 돌아가세요.
☐ 雨が降っていたけど、途中で止みました。	비가 오다가 그쳤어요.

- [ ] 急いで食べていて、胃がもたれました。　　급히 먹다가 체했어요.
- [ ] お客様がいらっしゃいましたが、お帰りになりました。　　손님이 오셨다가 가셨어요.
- [ ] 手紙を書いてから破りました。　　편지를 썼다가 찢었어요.
- [ ] 電子辞書をなくしましたが、見つかりました。　　전자사전을 잃어버렸다가 찾았어요.

第35課　CD-70

- [ ] コンピューターをずっと使ってると思ったら、目が悪くなったのね。　　컴퓨터를 많이 쓰더니 눈이 나빠졌구나.
- [ ] 一晩中泣いていると思ったら、目がパンパンに腫れたね。　　밤새 울더니 눈이 퉁퉁 부었네.
- [ ] 昨日は寒かったけど、今日は暖かいですね。　　어제는 춥더니 오늘은 따뜻하네요.
- [ ] 朝食を食べなかったら、お腹が空きました。　　아침을 안 먹었더니 배가 고파요.
- [ ] 昨日、お酒をたくさん飲みすぎたので、頭が痛いです。　　어제 술을 너무 많이 마셨더니 머리가 아파요.
- [ ] 孫が遊びに行ったら、おじいさんがとても喜びました。　　손자가 놀러 갔더니 할아버지가 너무 좋아하셨어요.
- [ ] タバコを止めたら、健康になりました。　　담배를 끊었더니 건강해졌어요.

【監修】
尹大辰(ユンデジン)（慶北大学大学院博士後期課程中退。名古屋韓国学校校長、愛知淑徳大学講師）

【編著】
金由那(キムユナ)（名古屋大学大学院国際言語文化研究科博士後期課程修了、文学博士。南山大学講師）
金奈淑(キムナスク)（全北大学国語国文学科卒業。名古屋韓国学校教師）
李承鉉(イスンヒョン)（名古屋大学大学院国際開発研究科博士後期課程）
金世晶(キムセジョン)（名古屋大学大学院国際言語文化研究科博士後期課程）

【イラスト】
中西真智子

聴いて学ぶ韓国語会話

2009年4月1日　第1刷発行

監　修　尹大辰
編　著　金由那

発　行　名古屋韓国学校文化研究所
〒453-0012　名古屋市中村区井深町16-54
Tel. (052)452-0321　Fax. (052)452-1714
http://www.ngo-kangaku.net/

発　売　株式会社 あるむ
〒460-0012　名古屋市中区千代田3-1-12　第三記念橋ビル
Tel. 052-332-0861　Fax. 052-332-0862
http://www.arm-p.co.jp　E-mail: arm@a.email.ne.jp

印刷・製本／精版印刷

ISBN 978-4-86333-013-9　C1087